W0363532

Yvonne Wagner

An Kita-Eltern und Öffentlichkeit schreiben leicht gemacht

- Formulierungshilfen
- Beispieltexte
- Gestaltungsideen
- Musterbriefe

Textwerkstatt für Erzieherinnen

Verlag an der Ruhr

Impressum

Titel

Textwerkstatt für Erzieherinnen
An Kita-Eltern und Öffentlichkeit schreiben leicht gemacht
Formulierungshilfen, Beispieltexte, Gestaltungsideen und Musterbriefe

Autorin

Yvonne Wagner

Titelbildmotive

Post-it und Plakate: © Grazyna Rojek; Klemmbrett: © Kenishirotie/Shutterstock

Fotos im Innenteil

siehe Bildnachweise auf S. 95

Illustrationen im Innenteil

Natascha Welz

Umschlaggestaltung

Magdalene Krumbeck

Innengestaltung

Margit Dittes

Lektorat

Katia Simon

Verlag an der Ruhr
Mülheim an der Ruhr
www.verlagruhr.de

Unser Beitrag zum Umweltschutz
Wir sind seit 2008 ein ÖKOPROFIT®-Betrieb und setzen uns damit aktiv für den Umweltschutz ein. Das ÖKOPROFIT®-Projekt unterstützt Betriebe dabei, die Umwelt durch nachhaltiges Wirtschaften zu entlasten. Unsere Produkte sind grundsätzlich auf chlorfrei gebleichtes und nach Umweltschutzstandards zertifiziertes Papier gedruckt.

ISBN 978-3-8346-2551-9

Printed in Germany

Inhalt

Einleitung –

1. Und wieder ein neuer Elternbrief …

Herzlich Willkommen in der Kita Zwergenhaus!,

so beginnt vielleicht der Text, den Sie zu Beginn des neuen Kita-Jahres formulieren.

Sie begrüßen die Eltern, informieren sie über wichtige organisatorische Abläufe und Formalitäten. Sie schreiben darüber, was die Kinder in der ersten Zeit im Kindergarten tun werden und um welche Inhalte es beim ersten Elternabend gehen wird. Das alles müssen Sie so formulieren, dass alle Eltern es gut verstehen – und vor allem, dass sie es auch lesen. Und das ist gar nicht so einfach!

Wie können Sie es schaffen, jeden Elternbrief individuell zu schreiben? Jeder Brief soll schließlich gleichermaßen ansprechen und Interesse wecken, damit er sein Zielpublikum erreicht.

Noch eines vorab: Auf das Layout und die Optik gehe ich in diesem Buch nur untergeordnet ein, hier geht vorrangig um die inhaltliche Textarbeit. Literaturtipps zur Gestaltung finden Sie aber in den jeweiligen Kapiteln.

Sprachkompetenz durch sprachlich kompetente Erzieherinnen

Sie als Erzieherin repräsentieren Ihre Einrichtung – auch schriftlich. Mit Ihrer Art, zu formulieren und sich auszudrücken beweisen Sie sprachliche Kompetenz. Da Sprachförderung als eines der wichtigsten Bildungsziele verstanden wird, ist auch *Ihre* Sprachkompetenz ausschlaggebend, um sich als Fachfrau auszuweisen. Zugleich sind Sie Vorbild für die Kinder, die Eltern und auch für Ihre Kolleginnen, insbesondere die Praktikantinnen. Ihre Sprachverwendung – mündlich und schriftlich – zeigt, dass Sie über die Fähigkeit verfügen, Kindern sprachliche Sicherheit zu geben, sie entsprechend zu bilden und zu unterstützen.

Zum Umgang mit diesem Buch

Informationen aufzuschreiben und flotte Einladungen zu texten, wird für den Beruf der Erzieherin vorausgesetzt. Doch dazu gehört weit mehr, als nur zu wissen, *was* Sie schreiben wollen. Es kommt nämlich auch darauf an, *wie* Sie es tun. In diesem Buch finden Sie zahlreiche Anregungen und Übungen, wie Sie Ihre Art, zu formulieren verbessern können. Schreibspiele werden helfen, Sie und Ihr Team zu motivieren, Texte (wieder) gern und gut zu verfassen sowie sich dabei sicher zu fühlen.

Das Niveau ist relativ niedrig angesetzt, damit alle Leser die Möglichkeit haben, problemlos einzusteigen. Wenn Sie merken, dass Ihnen Erläuterungen geläufig sind und Sie sich bereits sicher im Umgang mit Sprache und Stil fühlen, lesen Sie vielleicht lieber bei den Sprachspielen weiter und regen Ihr Team an, sich gemeinsam kreativ im Umgang mit Sprache zu üben.

Im Kapitel 2 erfahren Sie, wie Sie mit Eltern und Teamkollegen schriftlich effektiv kommunizieren. Sie erhalten einen Überblick über Möglichkeiten und wichtige Grundlagen der schriftlichen Kommunikation.

Das Kapitel 3, „Sprache und Stil", nimmt Sie an die Hand, um Ihren Sprachstil zu verfeinern und Sie zu besseren Texten zu motivieren. Lustige Sprachspiele helfen Ihnen, Textarbeit gerne zu erledigen und Freude daran zu haben, mit Wörtern zu jonglieren.

Die Kapitel 4 bis 6 zeigen Ihnen schließlich im Detail, welche Möglichkeiten die schriftliche Kommunikation als **Öffentlichkeitsarbeit,** als Mittel der Information und des **Austausches mit Eltern,** zur **internen Informationsbewältigung** sowie zur **Dokumentation diverser Abläufe** bietet. Sie erfahren, welche Textsorten sich für welchen Anlass am besten eignen und wie Sie diese optisch ansprechend umsetzen. Verschiedene Textsorten bieten unterschiedliche Ansprachemöglichkeiten, die Sie verstehen und umzusetzen lernen. So optimieren Sie Ihre Fähigkeit, sich schriftlich mitzuteilen, vom Steckbrief über die Einladung bis zum Protokoll der Teamsitzung.

Mithilfe dieses Buches können Sie Ihre schriftlichen Mitteilungen überprüfen und lernen, in Zukunft noch zielgerichteter und lesefreundlicher zu schreiben. Wenn Sie die Tipps beherzigen, müssen Sie nicht mehr Zeit investieren als bisher, gewinnen aber Begeisterung an schriftlichen Aufgaben. Versprochen!

Ich wünsche Ihnen Freude beim Lesen und Schreiben sowie gutes Gelingen!

Ihre Yvonne Wagner

2. Eltern und Team erreichen – Wege der schriftlichen Kommunikation

Kindergärten sind keine Spielstuben. Sie sind Unternehmen, die ihren Kunden fachliches Know-how und umfangreichen Service bieten. Unternehmen müssen so wirtschaften, dass sie Gewinne schreiben oder – bei Vereinen – am Jahresende zumindest mit plus/minus Null abschließen. Die Nachfrage nach Kita-Plätzen ist zurzeit so groß, dass es meist kein Problem sein wird, alle Plätze zu vergeben.
Doch stellt sich Ihre Kita auch nach außen professionell dar?

Professionelle Öffentlichkeitsarbeit verlangt vom Personal, sich selbst mit der Arbeitsstelle zu identifizieren. Die Mitarbeiter müssen das vom Träger gewünschte Bild nach außen tragen. Das geschieht durch persönliches Auftreten, die pädagogische Arbeit an sich und durch das, was nach außen kommuniziert wird.

Diese Kommunikation findet in Gesprächen, aber auch und vor allem schriftlich statt.

Je nach Anlass und Ziel kommen verschiedene Textsorten zum Einsatz:

- ✔ Konzeption
- ✔ Kita-Faltblatt (Flyer)
- ✔ Handzettel
- ✔ Postkarte
- ✔ Brief
- ✔ Aushang
- ✔ Plakat
- ✔ Kita-Zeitung
- ✔ Website
- ✔ Berichte und Infos in Zeitungen
- ✔ Protokolle und Mitschriften

Alle Textsorten haben eines gemeinsam: Sie transportieren Ihre Informationen zum Empfänger.

Kommunikation findet auf vielen Ebenen statt.

Diese bestehen dabei nicht nur aus dem reinen Inhalt des Textes. Sie werden auch über die Gestaltung vermittelt. So spielen **Schriftart, Farben, Layout** und die **Menge des Textes** große Rollen. Das ist vergleichbar mit mündlicher Kommunikation: Sie sprechen beispielsweise mit einer Mutter. Diese nimmt nicht nur Ihre Worte und deren Sinn wahr. Sie hört den Klang Ihrer Stimme, die Melodie Ihrer Sprache, den Dialekt oder Akzent, sie nimmt aber auch Ihre Körperhaltung wahr, Ihre Mimik und Gestik, Ihren Blick …

Wenn Sie Eltern, Kollegen, möglichen Sponsoren, Trägern oder der Gemeinde ein positives Bild Ihrer Einrichtung und Ihrer Arbeit vermitteln möchten, sollten Sie deshalb alle Aspekte der schriftlichen Kommunikation bedenken, um sie bestmöglich zu gestalten.

Informationen auswählen

Es ist gar nicht so einfach, schriftlich zu kommunizieren und dabei den Leser wirklich anzusprechen und zu erreichen. Fragen Sie sich zunächst selbst: Was weiß ich über den Leser?

Kenntnis über die Zielgruppe, deren soziokulturellen Hintergrund, sprachliche Fähigkeiten, Wünsche, Bedürfnisse, Erwartungen und Interessen helfen Ihnen, die Informationen so aufzubereiten, dass sie wirklich gelesen und verstanden werden.

So sollten Sie Ihre Texte vor allem kurz fassen. Sie müssen Schlagwörter markieren oder herausstellen, damit sie sofort ins Auge springen und das Lesen erleichtern.

Haben Sie es beispielsweise mit einer eher akademisch geprägten Elternschaft zu tun, also mit Menschen, die sich sprachlich gut ausdrücken können und entsprechend auch anspruchsvollere Texte lesen und verstehen können? Zeigen Sie durch die Verschriftlichung Ihrer Anliegen, dass Sie die Eltern ernst nehmen. Schreiben Sie fachlich, sachlich und klar.

In der Regel haben Sie es in Ihrem Alltag mit Eltern unterschiedlichster sozialer und kultureller Herkunft zu tun.

Damit Sie den Ansprüchen und Bedürfnissen aller Eltern gerecht werden können, müssen Sie auch alle im Blick haben und sich schon beim ersten Kontakt, z. B. bei der Anmeldung, notieren, wie die Sprachkenntnisse sind und wie Sie das Verständnis für Fachinformationen einschätzen.

Sie können dafür eine Umfrage starten. Darin fragen Sie, wie die Eltern Informationen erhalten möchten. Möglichkeiten sind beispielsweise:

- ✔ per E-Mail,
- ✔ als Aushang,
- ✔ im Brief,
- ✔ einmal im Monat,
- ✔ jede Woche usw.

Es gibt Zeiten, da müssen besonders viele Informationen weitergegeben werden. Zu viele Briefe und Aushänge auf einmal überfordern die Eltern aber und sie lesen sie nicht oder vergessen die Inhalte rasch wieder.

Es gilt also, die Informationen wohldosiert zu vermitteln und stets zu prüfen, was wirklich kommuniziert werden muss. Manche Informationen erklären sich von selbst, andere können die Eltern erfragen und so mit Ihnen und Ihren Kolleginnen ins Gespräch kommen. Einige Informationen sollten Sie aber in jedem Fall persönlich mitteilen, insbesondere dann, wenn es um das Kind geht.

Überlegen Sie: Wieviele Eltern haben länger als eine Minute Zeit, um die Aushänge zu checken, bevor sie zur Arbeit hasten?

Ihre Information muss also so treffend sein, dass die Eltern sie sofort erfassen. Sie sollte klar formuliert sein und natürlich auch optisch ansprechen. Sie müssen Ihre Worte so weit reduzieren, bis nur noch das Wesentliche dasteht. Gleichzeitig ist es wichtig, dass Ihre Formulierungen noch angenehm klingen, fachlich korrekt sind und trotzdem ein positiver, fröhlicher Ton herauszulesen ist.

Das klingt kompliziert, ist es aber nicht. Wenn Sie ein paar Grundregeln beachten, gelingt es Ihnen leicht, schriftliche Informationen für die Eltern prägnant zusammenzustellen und gleichzeitig Ihre Professionalität auch nach außen hin zu demonstrieren.

Kommunikation zwischen den Teammitgliedern, im Austausch mit anderen Kollegen und Fachleuten ist ebenso wichtig, wie die Kommunikation mit den Eltern.

Berichte, Beobachtungsbögen und Auskünfte über den Prozess der Schulreife sind nur einige der schriftlichen Arbeiten, die Erzieherinnen erledigen müssen. Dabei ist nicht nur wichtig, dass alle Texte fachlich korrekt formuliert sind. Alle schriftlichen Kommunikationsmittel einer Einrichtung sollten ein einheitliches Bild abgeben. Das bedeutet, dass sich das Team unbedingt darauf einigen muss, wie es seine Schriftstücke verfassen möchte oder eventuell soll, falls der Träger es vorgibt.

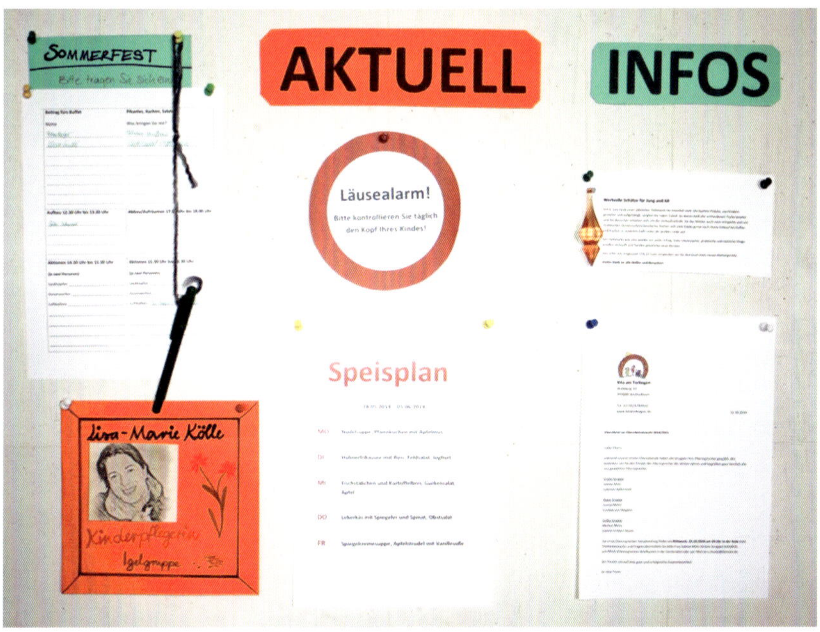

Hier geht es vor allem um immer wiederkehrende Informationen wie beispielsweise:

- ✔ Datum
- ✔ Name des Kindes
- ✔ Name des Beobachters
- ✔ Situationsbeschreibung
- ✔ Beobachtung
- ✔ Einschätzung
- ✔ Auswertung
- ✔ Unterschrift

Außerdem sollten Sie darauf achten, auf alle Briefe und Aushänge das Logo der Kita zu setzen. Ein einheitliches Bild entsteht nicht zuletzt durch ein einheitliches Layout, bzw. eine immer wiederkehrende Gliederung.

Wenn es für Ihre Kita eine eigene **Kita-Website** gibt, sollten Sie überlegen, die Elternpost dort ebenfalls, z. B. als Download, zur Verfügung zu stellen.

Der regelmäßige Elternbrief, der über aktuelle Termine und Planungen informiert, kann auch als E-Mail verschickt werden. Lassen Sie sich von den Eltern gleich bei der Anmeldung die Mailadresse geben, falls gewünscht, und richten Sie dann einen Mailverteiler ein.

Achten Sie immer und unbedingt auf den Schutz der persönlichen Daten! Sie benötigen die schriftliche Einwilligung jeder einzelnen Person, bevor Sie deren Name, Mailadresse oder Telefonnummer auf einer Liste notieren. Wenn Sie E-Mails verschicken, dann unbedingt so, dass die anderen Adressaten die Mailadressen nicht einsehen können. Richten Sie eine Mailingliste ein und verbergen Sie dabei die Adressaten. Wie das geht, können Sie im Exkurs auf der folgenden Seite nachlesen.

Buchtipp

Alles über die Kita-Homepage und die Möglichkeit, einen Download einzurichten finden Sie in:

Christina Gebauer/Yvonne Wagner:
Die eigene Kita-Homepage gestalten.
Verlag an der Ruhr, 2014.

Einrichten einer Mailingliste – Anleitung für Microsoft Outlook 2010:

1. Alle Adressen, die Sie in die Mailingliste aufnehmen wollen, müssen bereits in Ihrem Outlook Adressbuch als Kontakt geführt sein. Im Zweifelsfall fügen Sie die fehlenden Adressen noch hinzu.

2. Klicken Sie auf „Adressbuch" (rechts oben).

3. Klicken Sie auf „Datei" – „neuer Eintrag" und „neue Kontaktgruppe", anschließend bestätigen Sie mit „OK".

4. Tippen Sie einen Namen für Ihre Mailingliste in die Zeile „Name" ein.

5. Klicken Sie jetzt auf „Mitglieder hinzufügen" und auf „aus Outlook Kontakten".

6. Wählen Sie die gewünschten Kontakte aus. Dafür klicken Sie doppelt auf den jeweiligen Kontakt und er erscheint unten in Ihrer Liste.

7. Haben Sie alle Kontakte eingefügt, klicken Sie oben links auf „speichern und schließen".

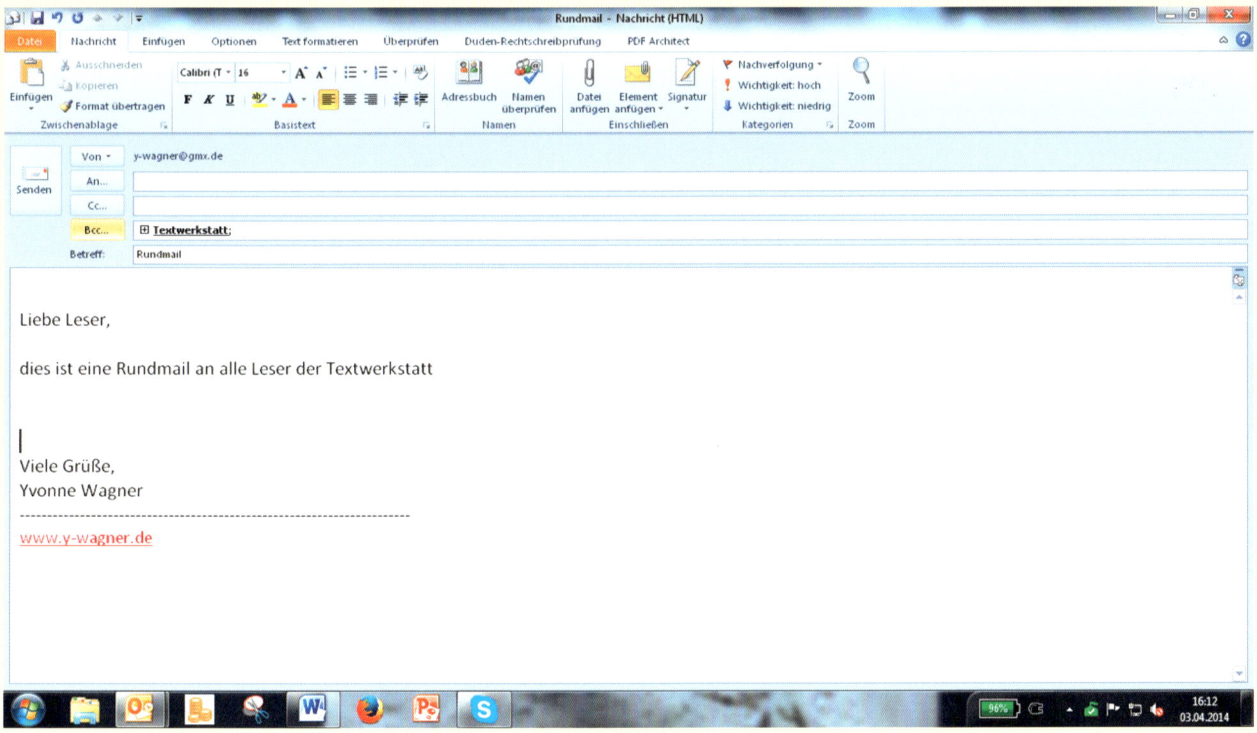

So versenden Sie eine Rundmail, ohne die Adressaten offen zu zeigen – Anleitung für Microsoft Outlook 2010:

1. Klicken Sie auf „neue E-Mail-Nachricht".
2. Geben Sie nun ins Adressfeld bei „BCC" den Namen Ihrer Liste ein.
3. Schreiben Sie einen Betreff in die Betreffzeile.
4. Tippen Sie Ihren Text im unteren Textfeld ein.

Um einen Text leichter les- und verstehbar zu machen, können Sie **Merkhilfen** verwenden. Setzen Sie gezielt sogenannte **Marginalien** ein. Das sind Randnotizen, die eine wichtige Stelle des Textes zusammenfassen. Für diesen Absatz könnte die Marginalie folgendermaßen lauten:

Beispiel

Marginalien geben Textinhalte verkürzt wieder.

Markieren Sie außerdem im Text wichtige **Schlagwörter fett,** sodass sie dem Leser sofort ins Auge springen. Wer sehr schnell lesen muss, wird sich so von einem Schlagwort zum nächsten hangeln und so den Inhalt in groben Zügen erfassen.

Nutzen Sie auch die Funktion, einzelne Textpassagen *kursiv* zu setzen, z. B. Zitate. So heben Sie einzelne Textpassagen auch vom Fließtext ab.

Beispiel

Wir vermitteln Sprachkompetenz – durch sprachlich kompetente Erzieherinnen.

Unterstreichen hebt einzelne Wörter ebenfalls gut hervor. Allerdings kann es irritierend wirken, wenn gleichzeitig andere Wörter fett markiert sind. Ganze Sätze zu unterstreichen ist nicht zu empfehlen, da der freie Raum zwischen den Zeilen sehr eng wird. Das Auge muss sich sehr anstrengen, um den Text zu erfassen. Unterstreichen Sie deshalb am besten nur Überschriften.

Beispiel

Dieser Text ist schwerer zu lesen, weil der unterstrichene Zwischenraum die Zeilen verengt hat. Lange Texte sollten Sie deshalb niemals unterstreichen.

Besser:

Unterstreichen Sie Überschriften

Wenn Sie Überschriften unterstreichen, heben Sie nur die hervor. Der nachfolgende Text bleibt leichter lesbar.

Der optische Eindruck zählt

Die Gestaltung Ihrer Schriftstücke sagt viel über Ihre Einrichtung aus. Waldkindergärten gestalten Plakate anders als bilinguale Kinderkrippen oder Kinderhäuser im sozialen Brennpunkt einer Großstadt.

Bei der Gestaltung sollte immer im Vordergrund stehen, was Sie aussagen wollen. Wenn Sie beispielsweise ein Kartoffelfest veranstalten, können Sie …

… eine große Kartoffel abbilden und dazu die Einladung schreiben. So fällt der erste Blick des Betrachters auf das Bild der Kartoffel …

oder

… in großen Buchstaben „Kartoffelfest" schreiben und nur eine kleine Kartoffel abbilden. Hier sieht der Leser zuerst das Wort, und erst dann das Bild.

Welche Variante Sie wählen, müssen Sie selbst entscheiden. Die **Kernaussage** oder das Thema, hier das „Kartoffelfest", muss unbedingt ins Auge springen. Das geschieht, wenn genau das im Mittelpunkt der Fläche zu sehen ist und die Farben des Plakats entsprechend klar und kontrastreich gewählt wurden.

Gauklerfest im Schwalbennest

Klein und Groß
kommt zum Gauklerfest
in der Kita-Schwalbennest
am 12.7.2012 von 14 Uhr bis 18 Uhr
Es erwarten euch selbst gemachte Köstlichkeiten,
Spiel und Spaß, Musik und Tanz
und Allerhand Tand

Damit die Kernaussage im **Vordergrund** stehen kann, muss der Hintergrund entsprechend zurückhaltend gestaltet werden. Die große Kartoffel oder die Überschrift „Kartoffelfest" in großen farbigen Buchstaben sollte sofort ins Auge springen. Verwenden Sie deshalb am besten weißes oder beigefarbenes Papier, das nicht besonders auffällt. Wollen Sie ein Hintergrundbild oder -muster einsetzen, sollte es möglichst blass und transparent – eben wenig auffallend – sein.

Eine **Abgrenzung** von **Vordergrund** und **Hintergrund** gelingt auch durch Gegenfarben, also dem größtmöglichen **Kontrast** zwischen zwei Farben, wie gelb und blau oder weiß und rot. Ein rotes Dreieck auf weißem Grund leuchtet förmlich. Ein rotes Dreieck auf hellbraunem Grund verschwindet fast. Denn Mischfarben (Nebenfarben) ergänzen einander und grenzen sich nicht so stark voneinander ab.

Nicht zuletzt muss die **optische Gestaltung** auch dem **Anlass entsprechen**. Eine Einladung zum Frühlingsfest sollte auch grafisch das Frühjahr als Thema aufnehmen. Eine Einladung zu einem Gottesdienst darf ebenfalls positiv und freundlich gestaltet sein, allerdings sachlicher und nüchterner. Um all dies zu vermitteln, müssen Sie sich nicht nur den Text gut überlegen, sondern auch die Farben und Formen, die Sie verwenden.

Einladung

1. Öffentlicher Ökumenischer Familiengottesdienst

gestaltet vom Kinderhort St. Emmeran

am Samstag, 6.6.2015 um 10 Uhr

Heiliggeistkirche St. Emmeran, Pliening

Beim Gestalten von Plakaten, Aushängen und anderen Schriftstücken gilt stets eine wichtige Regel: **Lesbarkeit geht vor Design!**
Verwenden Sie also lieber weniger Dekoration und deutliche Schriftarten!

Verzieren Sie Ihre Texte nicht kindlich, sondern so, dass sie dem Anlass und Inhalt entsprechend ins Auge fallen. Sie möchten schließlich die Eltern ansprechen, also Erwachsene, und zwar als professionelle pädagogische Fachkraft und nicht als Kind.

Eine Ausnahme gibt es:

Wenn Sie einen Brief an ein Kind schreiben, gelten natürlich andere Regeln. Sie begeben sich dann schließlich auf eine andere Ebene und dürfen dem Kind entsprechend auch Verzierungen in den Brief zeichnen oder kleben. Hier sprechen Sie das Kind an und möchten, dass ihm der Brief gefällt.

Niemals aus den Augen verlieren:

Bei allem was Sie im Kita-Alltag schreiben, dürfen Sie nicht vergessen, **jedes Schriftstück ernst zu nehmen.** Das heißt, Sie überlegen erst, ob das Schreiben nötig ist und schreiben und gestalten den Text dann fachlich und professionell. Damit erreichen Sie, dass Ihre Texte stets ausdrucksstark und sicher wirken. Und auch die Eltern fühlen sich ernst genommen. Das überträgt sich im besten Fall positiv auf deren Kommunikationsverhalten und Engagement in der Kita. Denn wer sich wahrgenommen und verstanden fühlt, bringt sich auch lieber mit ein, öffnet sich und tauscht sich mit anderen aus.

3. Grundlagen des Schreibens – Sprache und Stil

Kommunikation findet vielfach über **Internet, Smartphone, Zeitungen** oder **Handzettel** statt. Informationen sind mit zwei Klicks beim Adressaten angelangt und auch der Absender muss nicht mehr lange auf die Antwort warten.

Je schneller kommuniziert wird, desto weniger achten die Schreiber auf ihre Sprache. Wir kennen das alle: Per SMS oder Messenger wollen wir der Freundin mitteilen, dass wir verspätet zum verabredeten Treffen kommen. Noch vor ein paar Jahren hätten wir vermutlich angerufen, einige Jahrzehnte zuvor hätte die Freundin vergeblich gewartet und wir mit unserem schlechten Gewissen gekämpft. Jetzt aber können wir – zweimal gewischt und schnell getippt – der Freundin in Sekunden mitteilen, dass wir uns verspäten. Da schreiben wir dann aber nicht:

Liebe Sabine, die Teambesprechung dauert doch noch etwas länger. Ich kann deshalb erst gegen 20 Uhr kommen. Bitte warte auf mich! Ich freue mich schon. Deine Claudia

Wir formulieren stattdessen:

Team dauert noch, bin 20 h da. LG C

Und wenn wir Eltern etwas mitteilen müssen, wie formulieren wir dann?

Hi Eltern! Kita-Fest am 8.3. Kommt und habt Spaß! CU die Kita

oder

Hi Leute, das Sommerfest steigt am 4. August. Bringt was zu futtern mit fürs Buffet und habt Spaß! Ciao, wir sehen uns! Die Kitas

Alle drei Versionen klingen komisch. Die ersten beiden sind so salopp formuliert, wie es vielleicht Freunde untereinander tun. Das letzte klingt unpersönlich. Wenn Sie Eltern ansprechen wollen, müssen Sie einen guten Mittelweg finden, um professionell, herzlich und doch auch persönlich zu schreiben.

Aber auch die folgende Variante klingt vielleicht nicht ganz so, wie Sie sich das vorstellen:

Sehr geehrte Eltern der Kinder der Kita-Merkwürdig,

am 3.7. veranstalten wir das jährliche Sommerfest mit dem Motto „Sommerfrische". Bitte erscheinen Sie zahlreich.

Mit freundlichen Grüßen
Cornelia Korrekt
Kita Merkwürdig

Geeignete Formulierungen zu finden, die Texte **lesbar, ansprechend** und **interessant** gestalten, ist gar nicht so schwer. Man muss bloß ein paar Regeln beachten.

Tipp

Lesen Sie sich Ihre eigenen Texte und auch Fremdtexte laut vor. Nur so nehmen Sie wahr, wie die Sätze klingen und wirken.

So geht's

Jeder Text hat eine eigene **Struktur.** Diese setzt sich aus der **Gliederung** und den **Formulierungen** zusammen. Die Struktur eines Textes ergibt sich aus dessen Ziel. Fragen Sie also zunächst:

Was will ich mit dem Text erreichen?

Beispielsweise die Eltern dazu motivieren, den Elternabend zu besuchen.

Stellen die folgenden **W-Fragen,** um den Inhalt zu konkretisieren:

- ✔ **Wen** wollen Sie erreichen/ansprechen?
- ✔ **Was** findet statt?
- ✔ **Wie** findet die Veranstaltung statt? (Form)
- ✔ **Wann** soll sie stattfinden? (Zeit)
- ✔ **Wo** soll sie stattfinden? (Ort)
- ✔ **Warum** findet die Veranstaltung statt? (Grund)
- ✔ **Weiteres?** Was gibt es noch zu wissen?

Die Antworten auf die W-Fragen sind Ihre **Textbausteine,** die Sie sinnvoll gliedern müssen. Dabei halten Sie sich stets an die folgende Regel: Das Wichtigste zuerst!

Nun müssen Sie die übrigen Informationen noch in eine logische Reihenfolge bringen, sodass alle offenen Fragen beantwortet werden.

Gut zu wissen

Texte basieren auf dem ***Wunsch, eine Information zu vermitteln.*** *Um den Leser zu erreichen, formulieren Sie diese möglichst klar und deutlich. Verzichten Sie auf überflüssige Ausschmückungen.*

Steht der Textinhalt fest, überprüfen Sie, an welchen Stellen **Absätze** Ihren Text sinnvoll unterteilen. Bedenken Sie: Jeder Absatz ist eine eigene kleine Einheit. Er beinhaltet einen Gedanken oder **Sinnzusammenhang.** Ein Absatz beginnt mit einer Behauptung oder These und endet mit einem Schluss bzw. einer Überleitung zum nächsten Absatz und Thema.

Haben Sie Ihren Text fertiggestellt, überprüfen Sie ihn:

- ✔ Streichen Sie Überflüssiges (Ausschmückungen, Wiederholungen usw.), …
- ✔ … führen Sie einander ergänzende und sinngemäß ähnelnde Aussagen zusammen und …
- ✔ … verkürzen Sie lange Sätze.
- ✔ Um Sätze **zu kürzen,** gehen Sie folgendermaßen vor:
- ✔ Streichen Sie Wiederholungen und Füllwörter, …
- ✔ … verzichten Sie auf überflüssige Satzteile und …
- ✔ … fassen Sie umständliche Erklärungen zusammen.

Vorher:

Wir möchten Sie bitten, dass Sie beim Elternabend möglichst zahlreich erscheinen.

Nachher:

Bitte kommen Sie alle zum Elternabend!

Schnell werden Sätze länger als nötig, indem wir sie ausschmücken.

Vorher:

Es ist für uns verhältnismäßig schwierig, die individuell geäußerten Wünsche aller Eltern zu berücksichtigen, wenn es um die Anschaffung von qualitativ hochwertigen Spiel- und Beschäftigungsmaterialien geht.

Nachher:

Wir bemühen uns, auf die Wünsche aller Eltern einzugehen, wenn wir neues Material anschaffen.

Damit Ihre Sätze – ob kurz oder lang – gut lesbar und verständlich bleiben, achten Sie darauf, zusammengesetzte Verben möglichst nicht **zu teilen.** Wenn es dennoch nötig ist, dann `klemmen´ Sie so wenig wie möglich dazwischen:

Vorher:

*Montags **legt** die Leitung der jeweiligen Gruppe gemeinsam mit der Zweitkraft die Einteilung der Küchendienste, die für das tägliche Mittagsessen zuständig sind, **fest.***

Nachher:

*Montags **legen** die Gruppenteams **fest,** wer die Küchendienste übernimmt.*

Achten Sie also auch innerhalb der Sätze darauf, **Sinnzusammenhänge** leicht erschließbar zu gestalten.

Machen Sie Verben nicht zu Hauptwörtern *(Nominalstil).*

Vorher:

*Die Ferien sind zur **Entspannung** der Kinder da.*

Nachher:

In den Ferien sollen sich die Kinder entspannen.

Vorher:

*Das Spielen der Kinder fördert ihre **Konzentrationsfähigkeit.***

Nachher:

*Während die Kinder spielen, lernen sie, sich zu **konzentrieren.***

Formulieren Sie aktive Sätze.

Vorher

***Es wurde** gespielt.*

Nachher:

*Die **Kinder haben** gespielt.*

Vorher:

***Es wird** gegessen.*

Nachher:

Die Kinder essen.

Vermeiden Sie unnötige Adjektive.

Verwenden Sie **Fremdwörter** nur dann, wenn wirklich alle angesprochenen Leser sie auch verstehen. Benötigen Sie trotzdem ein Fremdwort, **definieren** oder/und übersetzen Sie es zusätzlich.

männliche Katze = Kater

schnell gehen = laufen

Hochdeutsch und in Bildern – Schreiben für die Leser

Reden, wie Ihnen der Schnabel gewachsen ist, dürfen Sie in Ihrer Freizeit. Wenn Sie Schriftstücke für Eltern, Öffentlichkeit und das Team verfassen, formulieren Sie unbedingt in **Hochdeutsch,** also der **Standardsprache.** Menschen, die starken Dialekt sprechen, haben manchmal Probleme damit. Da hilft es, Texte am PC zu verfassen. Die voreingestellte Rechtschreibüberprüfung entlarvt schon eine Menge Fehler. Sicherer ist es, sich beispielsweise das Programm **Duden Korrektor** zu kaufen, das eine gründlichere Prüfung vornimmt und dessen Rechtschreibung auch den aktuellen Richtlinien entspricht. Sie sollten dennoch jemand sprachlich Versierten darum bitten, Ihren Text gegenzulesen.

Ein weiteres Argument gegen Dialekt oder Umgangssprache: Die Standardsprache ist auch für Menschen einfacher zu verstehen, die Deutsch erst lernen und noch unsicher sind.

Und immer gilt: Je klarer Sie formulieren, desto einfacher ist es für die Leser, den Text zu verstehen.

Wenn es Ihnen möglich ist, sollten Sie wichtige **Elternbriefe und Formulare** in die Sprachen übersetzen (lassen), die unter den Eltern in der Kita am häufigsten vertreten sind. Gerade in Einrichtungen mit einem hohen Anteil an Fremdsprachlern ist es wichtig, auf deren Bedürfnisse einzugehen. Wollen Sie alle Eltern erreichen, schaffen Sie die Sprachbarriere beiseite! Bitten Sie beispielsweise eine türkische Mutter, die sich in der deutschen Sprache sicher fühlt, einen Elternbrief für Sie zu übersetzen.

Weniger ist mehr!

Konzentrieren Sie sich bei Ihren Texten immer auf die **Kernaussage** und finden Sie dafür die treffenden Worte.

Klarheit erreichen Sie durch verständliche Wörter und deutliche Überschriften. Das heißt, Sie verzichten auf überflüssige Ausschmückungen und Details.

Versuchen Sie, den Leser anzusprechen, indem Sie **Bilder vermitteln.** Bei einem Bericht über einen Ausflug in den Zoo kann das folgendermaßen aussehen.

Wir haben den Zoo besucht. Der Weg dahin war aufregend, weil das Wetter umschlug.

oder:

Den Weg zum Zoo erlebten wir wie ein kleines Abenteuer. Kaum stiegen wir aus dem Bus, fing es an zu regnen. Schnell mussten die Kinder ihre Regenjacken aus den Rucksäcken holen. Währenddessen platschten dicke Regentropfen vom Himmel. Als dann alle Kinder ihre Jacken anhatten, hörte es plötzlich auf, zu regnen.

Aus der schlichten Aussage *Der Weg dahin war aufregend* wird durch genaue, bildhafte Beschreibung eine kleine Geschichte, die sich der Leser vorstellen und einprägen kann. Der Trick dabei ist, nicht zu *erklären*, wie etwas ist (Der Weg ist aufregend.), sondern mit Wörtern zu *zeigen*, was geschieht.

Stellen Sie Fragen: Wenn der Weg aufregend ist, …

- … warum?
- … für wen?
- … was erlebt derjenige?

Mithilfe der Verben erhält Ihr Text Bewegung und die Leser können sich in die Situation, die Sie beschreiben, hineinversetzen. Um die Sätze noch anschaulicher zu formulieren, achten Sie darauf, **Verben aktiv** zu verwenden.

So fühlt sich der Leser unmittelbar am Geschehen beteiligt.

Vorher

Die Kinder ***werden*** *von den Eltern gebracht.*

Nachher:

Die Eltern ***bringen*** *die Kinder.*

Auf einen Blick

- Formulieren Sie in Hochdeutsch (Standardsprache).
- Verzichten Sie auf alle Ausdrücke, die nicht allgemein verständlich sind (Dialekt, Slang, Anglizismen, Fachsprache …)
- Schreiben Sie nur das Wesentliche auf.
- Verzichten Sie auf Füllwörter und Ausschmückungen.
- Vermitteln Sie Bilder, zeigen Sie, statt zu erklären.
- Formulieren Sie aktive Sätze!

Punkt, Komma und Absatz –

Bringen Sie Struktur in den Text

Sätze ohne Satzzeichen *sind schwer zu lesen weil sie dem Leser nicht verraten welche Worte oder Satzteile er betonen soll.*

Ist Ihnen im letzten Satz etwas aufgefallen?

Manchmal kommt es durch fehlende Satzzeichen sogar zu Sinnverschiebungen:

Opa isst das Kind läuft in die Küche und holt die Oma.

Opa isst das Kind, läuft in die Küche und holt die Oma.

Opa isst, das Kind läuft in die Küche und holt die Oma.

Wenn Sie wichtige Informationen in einem längeren Text formulieren, müssen Sie besonders auf die Satzzeichen achten. Der Leser soll den Text verstehen und bis zum Schluss lesen, ohne dabei zu ermüden. Setzen Sie also möglichst häufig einen Punkt. So kann der Leser kurz verweilen. Probieren Sie es beim Vorlesen aus: Der Punkt verschafft eine kleine Pause.

Das Komma hilft zwar auch, Sätze zu durchbrechen, allerdings nur, um die Sprachmelodie anzupassen, die Sätze in sinnvolle Teile zu gliedern, damit eine Struktur entsteht.

Haben Sie es bemerkt? Dieser Satz ist anstrengender zu lesen als andere Sätze.

Zu viele oder falsch gesetzte Satzzeichen stören den Lesefluss. Achten Sie darauf, welche Funktionen ein Satzzeichen hat, bevor Sie es benutzen. Das Ausrufezeichen beispielsweise soll die Aussage unterstreichen, ihr Nachdruck verleihen. Willkürlich und zu häufig gesetzte Ausrufezeichen verlieren ihre Wirkung, wie in folgendem Beispiel.

Einladung zum Sommerfest!!!!

Kommen Sie zu unserem Kinderzirkus!!!

Wir freuen uns auf Sie!!!

Wie der Name *Ausrufezeichen* schon sagt, verleiht es einem Satz mehr Kraft, es sorgt dafür, dass aus einer Aussage ein Ausruf wird.

Hilfe!

Auch Befehle oder Aufforderungen benötigen ein Ausrufezeichen:

Komm her!

Ruhe!

Hör auf!

Wenn Sie sich ganz besonders freuen, dürfen Sie das auch durch ein Ausrufezeichen verdeutlichen:

Hurra!

Ich habe gewonnen!

Das Komma nutzen Sie, um Ihren Satz zu formen!

Durch die Rechtschreibreform haben sich die Kommaregeln geändert. Das kann verwirrend sein, vor allem wenn Sie die Regeln vor 1996 gelernt haben. Merken Sie sich deshalb vor allem die folgende Faustregel:

Ein Komma hilft, einem Satz Struktur und Lesbarkeit zu verleihen. Die wichtigsten Kommaregeln sind gar nicht so schwer zu verstehen.

Bei **Aufzählungen** setzen Sie das Komma zwischen gleichrangige Wörter, also Wörter, die einen anderen Begriff gleichermaßen beschreiben.

Der Ball ist rund, blau und klein.

Beim folgenden Beispiel handelt es sich aber nicht um eine Aufzählung. „Klein" unterscheidet den Ball von anderen blauen Bällen, daher benötigen Sie hier kein Komma.

Der kleine blaue Ball ist rund.

Nachgestellte Zusätze (Appositionen) sind im Prinzip kurze Erläuterungen des Gesagten. Sie werden durch ein Komma abgegrenzt.

Hier liegt Fips, mein Kater.

Die sieben Zwerge, sie waren Bergleute, lebten hinter den sieben Bergen.

Mit **Zeit-, Orts- und Literaturangaben** verhält es sich wie mit Aufzählungen. Hier nennen Sie einige Angaben nacheinander und grenzen sie durch Kommas voneinander ab, damit Ihr Satz verständlich wird.

Der erste Kindergartentag ist am Montag, dem 1. September, um 8 Uhr.

Kein Komma setzen Sie in folgendem Beispiel:

Der Kindergarten befindet sich in Sonneberg in der Friedensstraße 2.

Zählen Sie etwas auf und verwenden dabei **Bindewörter (Konjunktionen),** setzen Sie kein Komma.

Der Ball ist blau und rund und klein.

Morgen regnet oder schneit es.

Es kamen mehr Eltern als erwartet.

Das folgende Beispiel erfordert ein Komma, da der zweite Teil ein nachgestellter Satz ist, der vom ersten Teil abhängt.

Es kamen mehr Eltern, als wir erwartet hatten.

Im folgenden Satz stellt die Konjunktion „aber" einen Gegensatz her. In diesem Fall setzen Sie ein Komma.

Die Kinder toben wild, aber vorsichtig.

Sie können ein Komma bzw. Kommas setzen, um einen Satz mit einem **Infinitiv mit „zu"** zu strukturieren und so Missverständnissen vorzubeugen.

Sie versuchte, alleine aufzustehen.

Richtig ist aber auch:

Sie versuchte alleine aufzustehen.

Wird der Infinitiv durch ein Wort wie „um" oder „ohne" eingeleitet oder ist er von einem Substantiv (Hauptwort/Nomen) abhängig, setzen Sie ein Komma.

Meine Bitte, in den Zoo zu gehen, wurde überhört.

Er stand auf, um ihr zu helfen.

Mit sinnvoll gesetzten Absätzen schaffen Sie Überblick, lockern das Bild und nehmen dem Leser die Angst vor zu viel Text.

Leider gibt es immer weniger geübte Leser. Ein Text über eine DIN A4-Seite schreckt viele ab, denn es besteht die Gefahr, den Inhalt nicht zu verstehen. Außerdem spielt die Zeit des Lesens eine Rolle.

Viele kleine Absätze schaffen Luft im Text. So bekommt der Leser die Inhalte in mehreren Häppchen vorgesetzt.

Wie eingangs erklärt, besteht ein Absatz aus einem sinnzusammenhängenden Text. Dieser Text beginnt mit einer Behauptung oder Feststellung, erklärt oder erläutert diese und endet mit der Auflösung oder einer Überleitung zum nächsten Absatz.

Dieser Text hat keine Absätze, daher ist er schwer zu lesen.

Ein Komma hilft, dem Satz Struktur und Lesbarkeit zu verschaffen. Die wichtigsten Kommaregeln sind gar nicht so schwer zu verstehen. Bei **Aufzählungen** setzen Sie das Komma zwischen gleichrangige Wörter, also Wörter, die einen anderen Begriff gleichermaßen beschreiben, z. B.: *Der Ball ist rund, blau und klein.* Beim folgenden Beispiel handelt es sich aber nicht um eine Aufzählung. „Klein" unterscheidet den Ball von anderen blauen Bällen, daher benötigen Sie hier kein Komma. *Der kleine blaue Ball ist rund.* **Mit sinnvoll gesetzten Absätzen** schaffen Sie Überblick, lockern das Bild und nehmen dem Leser die Angst vor zu viel Text. Leider gibt es immer weniger geübte Leser. Ein Text über eine DIN A4–5 Seite schreckt viele ab, denn es besteht die Gefahr, den Inhalt nicht zu verstehen. Außerdem spielt die Zeit des Lesens eine Rolle. Viele kleine Absätze schaffen Luft im Text. So bekommt der Leser die Inhalte in mehreren „Häppchen" vorgesetzt. Wie eingangs erklärt, besteht ein Absatz aus einem sinnzusammenhängenden Text. Dieser Text beginnt mit einer Behauptung oder Feststellung, erklärt oder erläutert diese und endet mit der Auflösung oder einer Überleitung zum nächsten Absatz.

Dieser Text hat Abschnitte, die das Lesen erleichtern.

Ein Komma hilft, dem Satz Struktur und Lesbarkeit zu verschaffen. Die wichtigsten Kommaregeln sind gar nicht so schwer zu verstehen.

Bei **Aufzählungen** setzen Sie das Komma zwischen gleichrangige Wörter, also Wörter, die einen anderen Begriff gleichermaßen beschreiben, z. B.: *Der Ball ist rund, blau und klein.*

Beim folgenden Beispiel handelt es sich aber nicht um eine Aufzählung. „Klein" unterscheidet den Ball von anderen blauen Bällen, daher benötigen Sie hier kein Komma. *Der kleine blaue Ball ist rund.*

Mit sinnvoll gesetzten Absätzen schaffen Sie Überblick, lockern das Bild und nehmen dem Leser die Angst vor zu viel Text. Leider gibt es immer weniger geübte Leser. Ein Text über eine DIN A4–A5 Seite schreckt viele ab, denn es besteht die Gefahr, den Inhalt nicht zu verstehen. Außerdem spielt die Zeit des Lesens eine Rolle. Viele kleine Absätze schaffen Luft im Text. So bekommt der Leser die Inhalte in mehreren „Häppchen" vorgesetzt.

Wie eingangs erklärt, besteht ein Absatz aus einem sinnzusammenhängenden Text. Dieser Text beginnt mit einer Behauptung oder Feststellung, erklärt oder erläutert diese und endet mit der Auflösung oder einer Überleitung zum nächsten Absatz.

Auf einen Blick

- Nutzen Sie Satzzeichen, um Inhalte zu strukturieren und das Lesen zu erleichtern.
- Setzen Sie am Ende eines Satzes einen Punkt.
- Verwenden Sie Ausrufezeichen sparsam.
- Lesen Sie Ihren Text laut. So bekommen Sie ein Gefühl dafür, ob die Satzzeichen richtig gesetzt sind.
- Nutzen Sie die Rechtschreibkorrektur Ihres PC oder einen Duden, wenn Sie bei der Rechtschreibung nicht sicher sind und bitten Sie jemanden, Korrektur zu lesen.

Sprechen Sie den Leser an

Um den Leser wirklich anzusprechen, müssen Sie es auch tun!

Formulieren Sie beispielsweise:
Informationen zu unserer Konzeption finden Sie hier …

statt:
Informationen zur Konzeption der Kita befinden sich hier …

Berichten Sie von sich selbst, als Erzieherinnen:
Wir arbeiten nach dem situationsorientierten Ansatz.

statt:
In unserer Kita wird nach dem situationsorientierten Ansatz gearbeitet.

Formulieren Sie aktive Sätze

Verwenden Sie Verben, die einen Vorgang direkt beschreiben. Vermeiden Sie Hilfsverben, wie *sollen* und *werden*.

Formulieren Sie:
Um 12.30 Uhr essen wir alle zusammen zu Mittag. Die Kinder waschen sich vorher die Hände.

statt:
Um 12.30 Uhr wird gemeinsam Mittag gegessen. Die Kinder sollen sich vorher ihre Hände waschen.

Vermeiden Sie Floskeln und schreiben Sie konkret, was Sie meinen. Nennen Sie Tätigkeiten und Gegenstände genau, damit sich die Leser ein Bild davon machen können, was in der Kita passiert.

Schreiben Sie:
Bitte geben Sie Ihrem Kind Gummistiefel und eine Regenjacke mit.

statt:
Die Kinder benötigen wetterfeste Kleidung.

Klar und verständlich

Formulieren Sie möglichst klar und in einfachen Worten. So wird der Text für jeden verständlich, auch für Menschen, die Deutsch als Fremdsprache lernen.

Formulieren Sie kurze und klare Sätze. Verzichten Sie auf Verschachtelungen und Infinitivformen. Schreiben Sie lieber mehrere kurze Sätze als einen zu langen.

Verwenden Sie Standardsprache. Vermeiden Sie Fremdwörter genauso wie Umgangssprache, Dialekt und Abkürzungen.

Sparen Sie an Füllwörtern, denn *irgendwie sind die eigentlich sowieso nur überflüssig.*

Sie sind unsicher, wie Sie am besten formulieren? – Stellen Sie sich selbst folgende Fragen, bevor Sie zu schreiben beginnen:

✔ Was möchte ich sagen?

✔ Was soll der Leser erfahren?

✔ Was ist das Wichtigste an meiner Aussage?

✔ Warum will ich genau das sagen?

✔ Wie soll der Leser darauf reagieren? (z. B. das Fest besuchen, mithelfen, sich anmelden)

Klare Strukturen durch Absätze

Wenn Sie mehr als nur ein paar Sätze schreiben, kann der Text schnell unübersichtlich werden. Damit auch wichtige Informationen gelesen werden, die Sie nur in einen langen Text verpacken können, strukturieren Sie den Text unbedingt leserfreundlich:

1. Weisen Sie Überschriften zu.
2. Unterteilen Sie den Text in Sinnabschnitte mit jeweils nur wenigen Sätzen. Einen Abschnitt trennen Sie mit der Return- oder Enter-Taste.
3. Wenn es inhaltlich passt, verwenden Sie Zwischenüberschriften. Setzen Sie die Überschriften fett, aber wählen Sie keine andere Schriftgröße. So heben sie sich vom restlichen Text ab, treten aber nicht zu sehr in den Vordergrund.
4. Achten Sie darauf, dass jeder Abschnitt in sich rund ist, also einen Anfang (z. B. eine Behauptung) und ein Ende (z. B. eine Erkenntnis oder einen Schluss) hat.

Die folgenden Spiele können Ihnen und Ihren Kolleginnen helfen, sich zu lockern, bevor Sie sich daran wagen Ihre Elternbriefe, Aushänge und andere Texte zu schreiben.

Dabei aktivieren Sie vor allem den Teil Ihres Wortschatzes, den Sie im Alltag nur selten verwenden.

Je mehr Sie spielen, desto leichter werden Ihnen später Formulierungsalternativen einfallen.

Mit Worten und Buchstaben zu spielen, regt die Kreativität an und hilft, auch mal um die Ecke zu denken. Nicht zuletzt machen die Spiele Spaß und das wirkt sich auch positiv auf die Atmosphäre im Team aus.

Spiel 1: Begriffefluss

Ziele: Gedanken lösen, Kreativität wecken und neue Ideen zulassen

So geht's

Schauen Sie sich um und denken Sie nicht lange nach! Nennen Sie einfach den nächsten Begriff, der Ihnen in den Sinn kommt. Woran denken Sie jetzt? Das ist ihr nächster Begriff. Machen Sie immer weiter und versuchen Sie, immer schneller Begriffe zu nennen. Werten und zögern Sie dabei nicht. Kommen Sie dennoch ins Stocken, greifen Sie direkt vor oder neben sich und nennen Sie den Gegenstand, den Sie dort sehen, im Zweifelsfall ist es Ihre eigene Hand. Schon sind Sie wieder drin im Begriffefluss.

Beispiele:

Vorhang – Blume – Tasse – Schere – Nagel – Bild – Besen – Spinne …

Erschweren Sie die Aufgabe, indem Sie ausschließlich zusammengesetzte Namenwörter nennen.

Vorhangstange – Blumentopf – Tassenhenkel – Scherenklinge – Nagelkopf – Bilderrahmen – Besenstiel – Spinnennetz …

Eine Variante des Spiels ist das alphabetische Aufsagen von Wörtern. Es funktioniert genauso, doch nun müssen die Begriffe jeweils mit dem folgenden Buchstaben im Alphabet beginnen.

Apfel – Banane – Christbaum – Dachrinne – Eselsohr – Funkturm – Gabel – Hose …

> **Tipp**
>
> *Die Wörter direkt zu notieren, hilft Ihnen vielleicht, noch stärker in den kreativen Fluss kommen.*

Schreiben Sie mit einem Bleistift oder Füller auf Papier und zwar kreuz und quer, wie es sich gerade ergibt. Übrigens ist dieses Spiel auch sehr hilfreich, wenn man sich neue Passwörter ausdenken muss!

Spiel 2: ABC-Sätze

Ziele: Kreativität fördern, Wörter ohne Wertung benennen

So geht's

Bilden Sie einen Satz, der mit **A** beginnt. Der nächste Satz sollte sich sinngemäß an den ersten anschließen und mit **B** beginnen.

Ideal ist es, wenn jeder in der Runde immer einen Satz sagt. Wenn alle nacheinander dran kommen, müssen sie schnell reagieren. Das fördert Ihre Kreativität, weil keine Zeit ist, den Satz erst formschön umzudenken. Alles was in den Kopf kommt, darf und muss sogar sofort heraus.

Beispiele

__A__ngeln findet Lukas am Schönsten.

__B__esonders mit seinem Papa.

__C__hristine, Lukas Schwester, findet Angeln doof.

usw.

Beispiel:

„__A__lfons __b__ringt __C__ynthia, __d__ie __e__hemalige __F__rau __G__rüner, __h__inten __i__ns __j__ordanische __K__ultrestaurant. __L__eider …"

Tipp

Als Unterstützung, um die Sätze so flüssig wie möglich bilden zu können, finden Sie ein Alphabet zum Kopieren auf den letzten Seiten dieses Kapitels.

Variante

Wesentlich schwieriger ist es, gemeinsam Sätze zu bilden, deren Wörter jeweils in der Reihenfolge des Alphabets beginnen. Reihum sagt jeder ein Wort. Vermutlich wird es länger dauern, bis das passende Wort gefunden ist und möglicherweise laufen die Sätze auch in die Irre. Manchmal jedoch kommen witzige Minigeschichten heraus. Natürlich muss es nicht gleich ein Satz mit 26 Wörtern werden.

Bilden Sie mehrere Sätze mit möglichst vielen Worten in alphabetischer Reihenfolge.

Spiel 3: Lebenslauf

Ziele: Fantasie anregen, ins kreative Denken finden, sorgt für Spaß und lockere Stimmung in der Gruppe

So geht's

Erfinden Sie ein Profil, einen Lebenslauf oder eine kleine Geschichte für eine fiktive Person. Beginnen Sie damit, einen Namen zu finden. Eine Hürde gibt es jedoch: Alle wichtigen Eckdaten müssen mit demselben Buchstaben beginnen. Um diesen Buchstaben festzulegen, können Sie kurz auf Ihre Socken schauen. Welche Farbe haben sie? Rot? Dann nehmen Sie R als Buchstaben. Oder Sie greifen nach vorne, was bekommen Sie zu fassen? Papier? Dann ist Ihr wichtiger Buchstabe für dieses Spiel das P.

Beispiel:

Mein Name ist __P__eter __P__uschel. __P__apa ist __P__olizist, das spüren __P__aula und ich oft. Mama wollte erst __P__olitesse werden. Aber seit sie ihr __P__ädagogikstudium begonnen hat, will sie nur noch __p__ennen …

Tipp

Das Alphabet am Ende dieses Kapitels eignet sich auch für dieses Spiel. Tippen Sie einfach „blind" auf einen Buchstaben. Oder werfen Sie eine Münze darauf. Es gilt der Buchstabe, auf dem die Münze liegen bleibt.

Variante

Suchen Sie einen besonderen Namen aus dem Telefonbuch und erfinden Sie dazu ein Leben oder eine Situation.

Tipp

Dieses Spiel eignet sich, um mit Kindern Geschichten zu erfinden. Ob Sie dabei die Variante mit demselben Buchstaben für alle Eckdaten spielen oder einfach frei erfinden, bleibt Ihnen und den Kindern überlassen. Das Buchstabenspiel eine schöne Vorbereitung auf die Schule.

Spiel 4: Berichte ausschmücken

Ziele: Freude an Sprache wecken, Fantasie und Kreativität anregen

So geht's

Müssen Ankündigungen für Veranstaltungen oder Berichte über Feste immer nüchtern formuliert werden? Nein, im Spiel dürfen sie auch mal klingen wie ein Märchen oder eine biblische Geschichte. Probieren Sie es aus! Nehmen Sie einen anstehenden Termin, z. B. das nächste Laternenfest und versuchen Sie, gemeinsam mit Ihrem Team, aus der trockenen Ankündigung oder einem Bericht eine märchenhafte Szene zu erfinden. Am folgenden Beispiel können Sie sicher noch einiges verändern.

Beispiel:

Information: Laternenfest, 11.11.2015, 17 Uhr, Waldweg, Martinsbrot mitbringen.

oder lieber:

Am 11. November um fünf Uhr abends treffen sich die kleinen und großen Leute des Kindergartens Zwergenwiese am Rande des Tannenwaldes. Der Himmel hängt grau und über dem Dorf und alle drängen sich zusammen, um sich vor dem Wind zu schützen. Da leuchtet erst ein Licht zwischen den Tannen auf, dann noch eines und viele mehr. Die Kinder haben ihre Laternen entzündet und weisen damit den Weg. So wandern alle geleitet von den Lichtern und singen dabei. Schließlich versammeln sie sich, um gemeinsam Martinsbrot zu essen.

Spiel 5: Ungewöhnliche Beschreibungen

Ziele: Wahrnehmung schulen, Teamzusammengehörigkeit stärken und Wortschatz trainieren.

Material: Bildkarten von S. 34 oder entsprechende Gegenstände, Papier und Stifte

So geht's

Jeder in der Gruppe bekommt eine andere Teammitglied zugeteilt, das er beschreiben soll. Notieren Sie dafür alle Namen auf Zettel und losen Sie aus.

Nun sollen die Teammitglieder aber nicht einfach drauflos erzählen, sondern Zuordnungen zu Bildern, Symbolen oder Gegenständen treffen. Dafür können Sie die Bilder verwenden, die Sie hier im Buch auf S. 34 finden. Sie können aber auch Gegenstände auf den Tisch legen.

Folgendermaßen könnte eine Beschreibung aussehen:

Die Person legt das Bild „Naturmaterial" oder eines mit einem Stein bzw. einen echten Stein vor sich hin. Sie beschreibt das ihr zugeordnete Teammitglied jedoch ***ohne es zu nennen*** *und erzählt:*

Du bist für mich ein hellgrauer Stein mit einem Streifen rundherum, als wäre der Stein eingewickelt in ein Band. Erst, wenn man dich eine Weile kennt und in der Hand hält, wirst du warm und man kann dich „auspacken".

Mithilfe der Bildkarten beschreibt sie noch weitere Eigenschaften. Meist erkennt sich die beschriebene Person von selbst.

Für Kinder lässt sich das Spiel verändern. Sammeln Sie verschiedene Steine, Bilder von Tieren, getrocknete Blätter, Blüten … Die Kinder suchen Gegenstände aus, die zu einem anderen Kind passen. Dazu erzählen sie, warum sie genau diese Dinge gewählt haben.

Tipp

Das Spiel bietet Anlass für intensive Gespräche. Es ist nicht nur als Sprachspiel zu verstehen, sondern ebenso als Teamspiel. Die Kolleginnen erfahren viel über ihre Außenwirkung und werden angeregt, Ihre Selbstwahrnehmung zu reflektieren.

Spiel 6: Texte reduzieren

Ziele: Texte kritisch betrachten, erkennen, welche Aussagen wirklich wichtig sind und Freude an Wortspielereien

Material: Texte aus Zeitung oder Faltblättern

So geht's

Texte in Zeitschriften, Broschüren und Faltblättern werden oft überflüssig aufgebläht. Es ist gar nicht so einfach, auf Füllwörter zu verzichten und die eigentliche Aussage klar zu formulieren. Bei diesem Spiel können Sie üben, aus langen Texten die Essenz herauszukristallisieren. Sie versuchen, alles wegzustreichen, was nicht nötig ist. Dann ist nur noch die klar Information übrig. Als Texte dienen Berichte aus Zeitungen, dem Internet oder auch aus dem letzten Kita-Rundbrief.

Folgendes Beispiel können Sie ebenfalls für das Spiel verwenden. Natürlich dürfen Sie den Bericht vorher noch ganz ausführlich zu Ende schreiben!

Besuch einer Fortbildung zum Thema „Kreativ in der Krippe"

Am Samstag, dem 14.2.2015, besuchten meine Kollegin Elvira Schmidt und ich eine Fortbildung zum Thema „Kreativ in der Krippe". Die Fortbildung fand in München, in einem Seminarraum in der Kunstmannstraße statt. Der Weg dahin war etwas mühsam, da im Moment die Stammstrecke der S-Bahn umgebaut wurde (das ist das Nadelöhr im Zentrum, wo alle S-Bahnen durch müssen). Wir schafften es aber gerade noch rechtzeitig zum Beginn der Veranstaltung um 9 Uhr dort zu sein.

Der Raum war hell und freundlich. Die Stühle standen im Kreis und darauf saßen bereits die anderen Teilnehmer. Frau Hagebau, die Dozentin der Fortbildung, begrüßte uns freundlich.

Wir suchten uns einen Platz, legten unsere Taschen und Jacken ab und setzten uns. Frau Hagebau stellte sich zunächst vor. Selbst Mutter von Zwillingen erschien sie uns bereits kompetent für diese Veranstaltung. Doch Frau Hagebau ist auch Sozialpädagogin und Kunsttherapeutin mit jahrelanger Praxiserfahrung vor allem in Kinderheimen. Durch ihre Kunsttherapieausbildung hat sie einen anderen Zugang zum kreativen Gestalten bekommen. Das wollte sie uns nun auch vermitteln. Sie skizzierte den Ablauf der Fortbildung:

Nach der Vorstellungsrunde sollten wir gleich selbst kreativ werden. Danach würden wir die Übung auswerten. Sie würde und etwas über „Kreativ in der Krippe" erzählen und wir dürften weitere praktische Ideen ausprobieren. Bei der Abschlussrunde sollten wir uns dann austauschen und Fragen stellen.

Nun stellten wir Teilnehmer uns vor. Es begann Sofie aus Bad Tölz, eine 25-jährige Erzieherin aus einem dreigruppigen Gemeindekindergarten, …

Spiel 7: Wunschtraum

Ziele: Fantasie und Kreativität anregen, Sprechfreude und Freude an Wortspielereien wecken und den Teamzusammenhalt fördern

So geht's

Wenn ich könnte, wie ich wollte, würde ich …

… eine Kutsche mit sechs Pferden haben und damit über die Alpen fahren…

Vervollständigen Sie den Satzanfang wie in diesem Beispiel und fantasieren Sie frei heraus. Als Basis dient die Frage:

Was würdest du tun, wenn du könntest, wie du wolltest?

Sie können auch fragen:

Was würdest du tun, wenn du keine Angst hättest?

oder:

Was würdest du tun, wenn du einen Monat lang alles tun könntest, was du wolltest?

Je nachdem, wie viel Zeit Sie mit dem Spiel verbringen möchten, können die Teilnehmer nur einen kurzen Satz sagen oder aber viel mehr erzählen. Schön ist auch, wenn das Team nachhakt, beispielsweise fragt:

Warum würdest du mit einer Kutsche über die Alpen reisen und nicht mit einem Auto?

Tipp

Schreiben Sie die Fantasien auf und sprechen Sie in einem Jahr noch einmal darüber. Es ist spannend zu erleben, in welche Richtung sich die Wunschträume weiter entwickeln.

Kopiervorlage: Alphabet, Spiele 2 und 3

A	B	C
D	E	F
G	H	I
J	K	L

M	N	O
P	Q	R
S	T	U
V	W	Z

POLIZEI

Was würdest du tun,
wenn du könntest, wie
du wolltest?

4. Das Team stellt sich vor – Wir über uns

Jede Kita präsentiert sich individuell. Das geschieht durch das Gebäude, die optische Gestaltung der Räume, die Ausstattung und natürlich durch das Personal. Aber auch die schriftliche Gestaltung spielt eine große Rolle bei der Außendarstellung.

Hängen im gesamten Haus kunterbunte Zettel, teils veraltet und vergilbt? Oder gibt es klar strukturierte Pinnwände mit stets aktuellen Infos, sauber getippt und optisch ansprechend gestaltet? Gehen Sie gemeinsam mit den Kolleginnen durch Ihre Kita und versuchen Sie, sie durch die Augen der Besucher zu betrachten.

Einzelne Mitarbeiterinnen zeigen ihre Persönlichkeit, indem sie sich z. B. mit einem Steckbrief vorstellen. Die Kita präsentiert ihr „Gesicht" in Form einer Kita-Website oder eines Flyers bzw. der Konzeption oder eines Merkblattes. Wenn eine Kita Geschlossenheit in ihrem Konzept zeigen will, achtet sie darauf, dass alle Eindrücke dem Leitbild der Kita entsprechen und Einheitlichkeit ausstrahlen.

Wer arbeitet bei uns? –

Steckbrief und Personalvita

Ein **Steckbrief** ist die kurze Präsentation einer Person. Dessen Inhalt variiert, je nachdem, wer den Steckbrief lesen soll.

Eine **Personalvita** ist ausführlicher als ein Steckbrief. In der Regel steht der Begriff **Vita** für den **Lebenslauf** einer Person. Wie weit die Informationen zurückgehen und wie ausführlich das Leben der Mitarbeiterin beschrieben wird, sollte vorher entschieden werden.

Gut zu wissen

Vita steht ursprünglich für die literarische Darstellung des Lebens einer Person und ist vergleichbar mit einer Biografie.

Wer sollte einen Steckbrief verfassen?

Manche Kita hängt von allen Teammitgliedern ein Foto mit Steckbrief an eine Pinnwand im Eingangsbereich. Woanders hängen dort nur Steckbriefe von Praktikantinnen oder neuen Mitarbeiterinnen. Natürlich ist es für die Eltern praktisch, wenn sie schon beim Ankommen in der Kita sehen können, wer dort arbeitet.

Allerdings vermitteln solche Mitarbeiterwände gerade in großen Einrichtungen vielleicht den Eindruck, sich in der Filiale einer Fast-Food-Kette zu befinden, wenn sie nicht ansprechend und professionell genug gestaltet sind.

Eine Alternative ist, auf die Türen der Gruppenräume ein Foto der darin arbeitenden Fachkräfte samt Kurzinfo (Name, Position) aufzuhängen.

Wenn Sie das ganze Team vorstellen möchten, tun Sie das in einer Infobroschüre der Kita oder/und auf der Kita-Homepage.

Steckbriefe von neuen Teammitgliedern sind allerdings ein Muss. Gerade Praktikantinnen die nur an einigen Tagen in der Einrichtung sind, können sich nicht allen Eltern persönlich vorstellen. Eine kurze Info über sich und den Hintergrund des Praktikums (welche Ausbildung, welche Zeitspanne) ist deshalb wichtig.

Tipp

Praktikantinnen oder neue Teammitglieder sollten sich zusätzlich in einem persönlichen Brief an die Eltern vorstellen. Auch die Leitung kann einen solchen Brief verfassen. So fühlen sich die Eltern informiert und wundern sich nicht darüber, wer da neuerdings in der Kita herumschwirrt.

Liebe Eltern,

seit dem 1. Juli 2015 arbeite ich als Kinderpflegerin im Kindergarten St. Bonifaz.

2010 habe ich meine Ausbildung zur Kinderpflegerin in München erfolgreich abgeschlossen. Anschließend arbeitete ich in der städtischen Kinderkrippe Zwergenhäuserl in München-Giesing. Nach meiner Heirat im August 2013 zog ich gemeinsam mit meinem Mann hierher nach Stuttgart und freue mich, nun hier im Kindergarten St. Bonifaz arbeiten zu dürfen.

Die Vormittag verbringe ich mit den Kindern der blauen Gruppe. Nach dem Mittagessen übernehme ich die Ruhezeit im Schlafraum im Wechsel mit Bettina Schlummer. Von 14 bis 16 Uhr betreue ich dann die Nachtmittagsgruppe „Rote Minis".

Meine besonderen Interessen liegen in den Bereichen Forschen, Fragen und Beobachten. Ich bin sportlich und freue mich auf viele bewegte und interessante Momente mit Ihren Kindern.

Bei Fragen und Kritik können Sie sich jederzeit gerne direkt an mich wenden. Bei unserem ersten gemeinsamen Elternabend am 28. Juli haben wir außerdem Gelegenheit, uns etwas besser kennenzulernen.

Mit herzlichen Grüßen

Birgit Frühauf

Wie privat darf ein Steckbrief sein?

Ein Steckbrief sollte die Person in ihrer **Funktion als pädagogische Fachkraft** darstellen und den Eltern ein **professionelles Bild** vermitteln. Da sind persönliche Informationen überflüssig und am falschen Ort. Es ist deshalb nicht notwendig, mehr über sich zu schreiben, als das, was unmittelbar mit der Arbeit zu tun hat:

Name, Berufsbezeichnung, Funktion in der Kita

Möglich sind zudem noch Informationen zum das Alter und besonderen Interessen. Ob in den Steckbriefen stehen muss, wer verheiratet ist und wer nicht, klären Sie am besten im Team und eventuell auch mit dem Träger. Denn hier ist schon zu überlegen, ob mit der Angabe des Personenstands die Persönlichkeitsrechte verletzt werden und eine Gleichstellung möglicherweise ausgeschlossen ist.

Was ist zum Beispiel, wenn eine Mitarbeiterin geschieden ist und sich Eltern daran stören? Was wäre, wenn jemand in einer homosexuellen Beziehung lebt und eine eingetragene Lebensgemeinschaft angibt?

Ohne Angaben über diese Lebensumstände bleiben alle Fachkräfte neutral und Vorurteile bleiben draußen. Darüber gesprochen wird im besten Falle nur dann, wenn die betroffene Mitarbeiterin es selbst möchte.

Wo soll ein Steckbrief zu lesen sein?

Der Steckbrief richtet sich an die Eltern der Kinder Ihrer Einrichtung. Deshalb müssen genau sie auch die Möglichkeit bekommen, ihn zu lesen. Suchen Sie also einen Platz aus, der für alle zugänglich und gut einsehbar ist. Sicher gibt es auch in Ihrer Einrichtung ein **Schwarzes Brett** oder eine **Pinnwand** an der Tür des Gruppenraumes oder im Eingangsbereich.

Entscheiden Sie im Team, ob Steckbriefe grundsätzlich für alle Eltern ausgehängt werden, also am gemeinsamen Schwarzen Brett der Kita, oder jeweils vor der Gruppe, in der die Mitarbeiterin arbeitet. Zu Bedenken ist, dass jedes Teammitglied irgendwann mit jedem Kind in Berührung kommt. Also sollten auch alle Eltern wissen, um wen es sich handelt.

Wenn es eine **Website** für Ihre Einrichtung gibt, sollten Sie den Steckbrief auch dort veröffentlichen. Sie können ihn auf die verschlüsselten Seiten setzen, die nur für angemeldete Eltern zugänglich sind. So müssen die Teammitglieder nicht dem World-Wide-Web ihre persönlichen Infos herausgeben, sondern nur den Eltern, die sie auch in der Kita sehen.

Welche Form der Vita ist sinnvoll für einen Aushang, für die Webseite oder für den Kita-Flyer?

Der kurzgefasste Steckbrief passt in jedes Medium gut, denn hier informieren Sie kurz und knapp über Ihre Person und Ihre Funktion in der Kita. Mehr müssen Sie nicht preisgeben. In einem Flyer reicht es meist aus, nur Ihren Namen und Ihre Funktion anzugeben. Wer mehr wissen will, kann auf die Website gehen oder in der Kita nachfragen.

So informieren wir –

Flyer, Handzettel und Plakate

Flyer, auf deutsch **Falt-** oder **Flugblätter,** sind heute alltägliches Werbemittel. Wir haben alle regelmäßig Flyer von Firmen und Institutionen in unseren Briefkästen oder finden sie in den Auslagen der Geschäfte. Da ist es relativ schwierig, seinen eigenen Flyer so auffällig zu gestalten, dass er zwischen den Papierstapeln noch wahrgenommen wird.

Setzen Sie also Faltblätter nur dann ein, wenn Sie es für unbedingt notwendig halten. So z. B. als Kurzinfo über Ihre Kita. Diese Kurzinfo können Sie interessierten Eltern persönlich in die Hand geben oder bei Veranstaltungen auslegen.

So gestalten Sie Ihren Flyer

- ✔ Überlegen Sie, welche Informationen Sie mit dem Flyer vermitteln und wen Sie konkret ansprechen wollen.
- ✔ Skizzieren Sie die Seiten.
- ✔ Entscheiden Sie, ob Sie den Flyer als Leporello falten möchten oder klappen.
- ✔ Entscheiden Sie, ob es eine, zwei oder mehr Faltungen geben soll und wie viele Textspalten Sie benötigen.
- ✔ Richten Sie ein Dokument auf Ihrem PC ein.
- ✔ Füllen Sie die Seiten mit den Infos.
- ✔ Ergänzen Sie Bilder und das Logo.
- ✔ Wandeln Sie das Dokument in ein PDF um.
- ✔ Geben Sie die PDF-Datei einer Druckerei oder kopieren Sie den Flyer selbst in einem Copy-Shop bzw. drucken Sie ihn aus.

Buchtipp

Interessante Informationen zum Erstellen und Gestalten eines Flyers finden Sie auch in

Ulrike Lindner:
Eltern informieren, überzeugen und begeistern.
Verlag an der Ruhr, 2011.

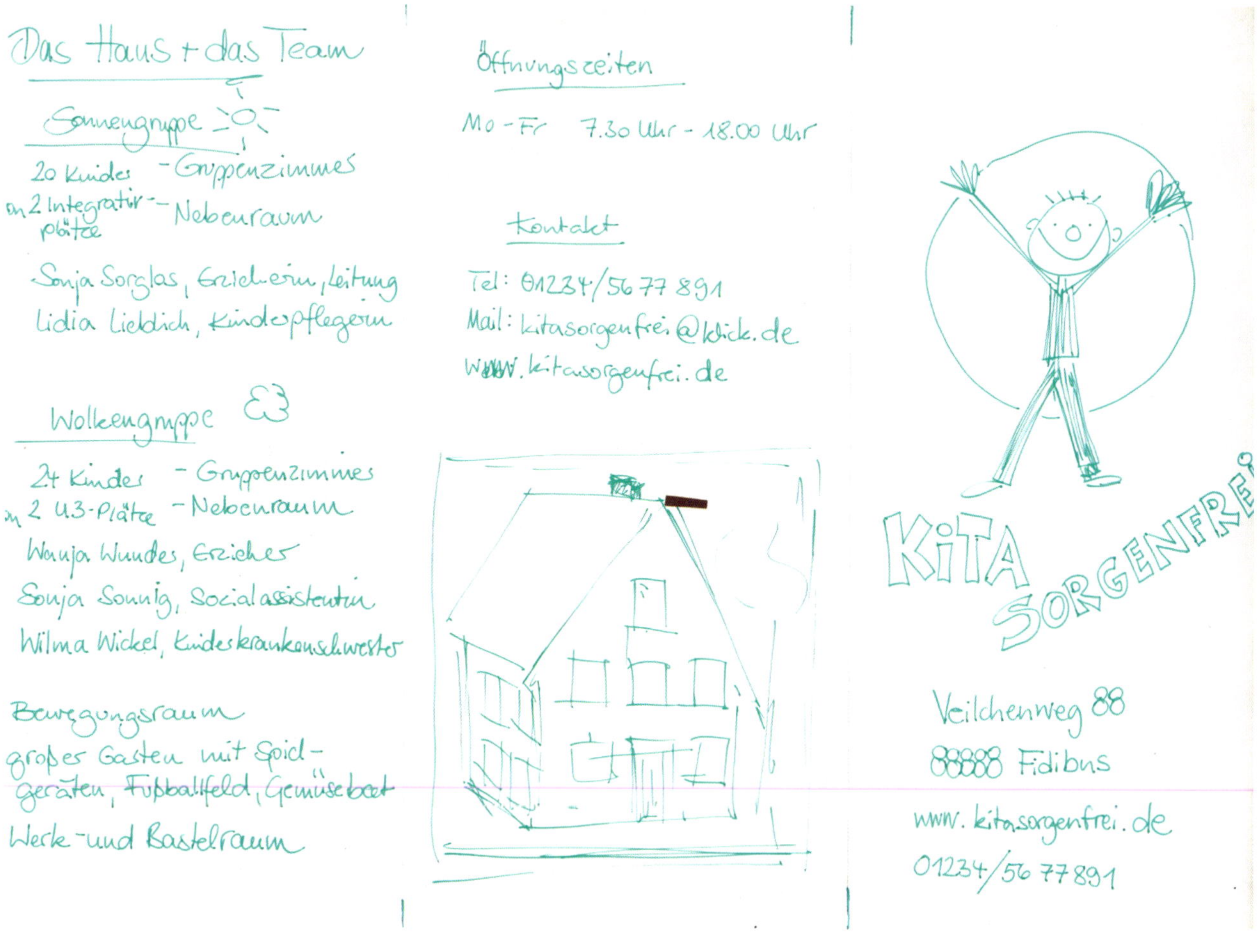

Wie wollen Sie Ihren Flyer falten?

Anleitung

So richten Sie Ihre Dokumente für einen Flyer ein:

1. Speichern Sie jeweils Vorder- und Rückseite als einzelne Dokumente, damit nichts verrutscht.
2. Um möglichst viel Platz auf den jeweiligen Seiten zu haben, reduzieren Sie die Seitenränder: „Seitenlayout" – „Seitenränder" – „schmal"
3. Legen Sie den Flyer horizontal an: „Seitenlayout" – „Ausrichtung" – „Querformat"
4. Richten Sie Spalten ein: „Seitenlayout" – „Spalten" – „drei"
5. Alternativ können Sie auch in einer dreispaltigen Tabelle arbeiten. Hier können Sie die Spaltengröße ganz nach Belieben verschieben. So kann z. B. die Spalte für die vordere Innenseite etwas schmaler sein, damit sie besser zum Einklappen ist.

Tipp

So gestalten Sie Ihren Text auf dem Flyer:

Verwenden Sie Blocksatz. So enden die Zeilen gleichmäßig am Spaltenende.

Achten Sie darauf, die Texte so zu verteilen, dass am Ende einer Seite, bzw. Spalte der Absatz auch zu Ende ist. Ziehen Sie also keine Satzteile mit auf die nächste Seite.

Probieren Sie mehrmals aus, wie Sie den Flyer falten – als Leporello oder zusammengeklappt.

Kindertagesstätte Sonnenhof

Hauptstr. 8
87761 Mühlbichl
Tel: 09937-4040801
info@kitasonnenhof.de

Exemplarischer Tagesablauf

7.30 - 9.00 Bringzeit/freies Spiel drinnen und draußen, kuscheln, vorlesen
9.00 Morgenrunde in den Gruppen
9.30 Frühstück
ab 10.00 Freispiel drinnen und draußen, Angebote, Ausflüge, Aktionen
11.30 alle gehen raus
12.00 - 12.30 abholen der Vormittagskinder
12.30 Mittagessen
13.00 bis 14.00 Ruhezeit
14.00 - 16.00 Freispiel drinnen und draußen, Angebote
15.30 - 16.00 abholen

Unsere pädagogische Ausrichtung

„Gemeinsam statt einsam"

ist unser Motto. Denn die Gemeinschaft ist uns wichtig. Keiner soll alleine stehen, daher lernen die Kinder bei uns von Anfang an, sich gegenseitig zu unterstützen, aber auch, sich Hilfe zu holen.

Trotzdem kommt das einzelne Kind mit seiner ganz persönlichen Entwicklung nicht zu kurz.
Mithilfe von individuellen Kind-Portfolios können wir die Entwicklungsschritte und sich verändernden Bedürfnisse jedes einzelnen Kindes im Blick halten.

Den Bayerischen Bildungsplan setzen wir mit besonderem Schwerpunkt auf die Förderung der Persönlichkeitsentwicklung um.
Werte- und Sozialerziehung, Selbstbild und Achtsamkeit sich selbst und anderen gegenüber sind einige der Ziele.

Wir arbeiten situationsorientiert und halten uns so viel wie möglich im Freien auf, bei jedem Wetter.

Räume
2 Gruppenräume und 2 Nebenräume
Toilette/Waschraum mit Dusche
Schlafraum
Bewegungsraum
Großer Garten

Lage
Ortsrand, beben Feldern, Wiesen und Wald

Team
Leitung: Christine Haberland (Erzieherin)
Pro Gruppe 1 Erzieherin und 1 Kinderpflegerin
1 Praktikantin im 1. oder 2. SPS (Ausbildung zur Erzieherin)

Öffnungszeiten
Montag – Freitag 7.30 Uhr bis 16 Uhr
im August und die Weihnachtsferien (Schule) ist die Kita geschlossen

Die aktuelle **Kostenübersicht** und weitere Infos finden Sie unter
www.kitasonnehof.de

Anleitung

So wandeln Sie Ihr Dokument in eine PDF-Datei um:

1. *In Word können Sie unter „Datei" – „Speichern unter" auswählen, in welcher Form Sie die Datei speichern (**Dateityp**). Scrollen Sie herunter bis zu „PDF-Datei" und klicken Sie „OK".*
2. *Alternativ können Sie sich kostenlos ein Programm downloaden, das Ihre Datei umwandelt, z. B. **PDF-Creator**. Dieses Programm funktioniert wie ein Drucker, d. h. Sie finden es nach der Installation dort, wo auch Ihr Drucker ist. Sie klicken also auf „Datei" – „Drucken" und wählen als Drucker den **PDF-Creator** aus. Nach kurzer Zeit erscheint Ihre Datei als PDF und sie können Sie speichern oder drucken.*
3. *Achten Sie darauf, dass Sie nun als Drucker wieder Ihren Drucker auswählen, bevor Sie etwas drucken wollen*

Tipp

Fragen Sie bei Ihrer Druckerei, ob dort die Datei umgewandelt werden kann. Dann können Sie die Abbildungen separat mitschicken und nur einen Hinweis im Dokument einfügen (z. B. Abb. 1), wo die Abbildungen erscheinen sollen. Sie können dafür Platzhalter setzen. In Word verwenden Sie dafür am besten Textfelder: „Einfügen" –„Textfeld" – „einfaches Textfeld".

Wenn Sie Geld sparen möchten, vervielfältigen Sie die Flyer im Copyshop. Damit bei schwarz-weißen Kopien Farbe ins Spiel kommt, verwenden Sie einfaches buntes Papier. Fertigen Sie Stempel an, um farbige Akzente zu setzen, z. B. stilisierte Hand- oder Fußabdrücke. Vielleicht haben Sie auch Ihr Logo als Stempel zur Verfügung und können es für den Flyer nutzen.

Um auf sich aufmerksam zu machen, reicht oft schon ein **Handzettel** aus. Im Gegensatz zum Flyer haben Sie hier nur eine Vorder- und eine Rückseite für Ihre Informationen zur Verfügung. Die Leser haben damit aber auch weniger Lesestoff aufzunehmen und zu verarbeiten. Die Chance, die Information erfolgreich zu übermitteln, ist deshalb ziemlich hoch. Handzettel eignen sich für Veranstaltungen wie „Tag der offenen Tür" oder „20 Jahre Kita Rosenhof". Auch der Hinweis auf den baldigen Tag der Anmeldung für neue Kinder kann als Handzettel verteilt werden. Handzettel können Sie sicher auch in Geschäften, Sparkassen und anderen Institutionen in der Umgebung auslegen. Fragen Sie einfach nach.

So gestalten Sie Ihren Handzettel

Richten Sie ein Dokument in Ihrem Textverarbeitungsprogramm ein. Dazu müssen Sie zuerst die Größe anpassen, denn der Handzettel sollte unbedingt kleiner sein als ein DIN A4-Papier.

Anleitung

„Seitenlayout" – „Größe" – A5 oder A6

„Seitenränder" – „schmal"

Entscheiden Sie, ob Sie **ein- oder zweispaltig** schreiben möchten. Wenn Sie nur einzelne Teile in zwei Spaltensetzen wollen, markieren Sie die Passage und klicken auf „Seitenlayout" – „Spalten" – „zwei".

Legen Sie einen **Hintergrund** fest, wenn Sie Ihren Text nicht auf farbigem oder weißem Papier drucken möchten. Das kann beispielsweise ein Foto sein oder eine Zeichnung.

Setzen Sie eine aussagekräftige Überschrift oder **Schlagzeile** an den Kopf des Blattes.

Tipp

*Schreiben Sie Überschriften in **Großbuchstaben** (auch Versalien genannt). Verwenden Sie dafür unbedingt geeignete Schriften, die klar und deutlich zu lesen sind.*
Nutzen Sie keine Schreib- oder Zierschriften. Die sind schlecht lesbar.

Wenn Sie mögen, setzen Sie über die Überschrift eine **Kopfzeile** mit den **Kontaktdaten** der Kita. So ist für den Leser auf einen Blick erkennbar, dass die Informationen von Ihrer Kita kommen und wie man Sie am besten erreicht.

Formulieren Sie dann die Mitteilungen kurz und knapp, denn Sie haben nur wenig Platz.

Beispiel

Klein und Groß
kommt zum Gauklerfest
in der Kita-Schwalbennest
am 12. Juli 2015
von 14 bis 18 Uhr
Köstlichkeiten
Spiel und Spaß
Musik und Tanz
allerhand Tand

Auf der **Rückseite** können Sie nähere Infos angeben, wie den Anlass der Veranstaltung oder die Kontaktdaten, was noch mitgebracht werden sollte oder welche besondere Attraktion es geben wird.

Wählen Sie zum Anlass passende **Farben** für Schrift und Hintergrund sowie aussagekräftige **Bilder** aus.

Wenn Sie das Faltblatt professionell drucken lassen möchten, speichern Sie es als PDF ab (siehe Anleitung S. 42).

Größere Veranstaltungen sollten Sie auch größer ankündigen. Hierfür eigenen sich **Aushänge und Plakate.** Je nachdem, ob Sie nur innerhalb oder auch außerhalb der Kita werben möchten, entscheiden Sie sich entweder nur für den Aushang oder ein Plakat. Fragen Sie unbedingt immer nach, wenn Sie ein Plakat aufhängen, denn das ist nicht überall erlaubt!

Kurze Hinweise, die ohne oder mit sehr wenigen Worten auskommen, können Sie als **Aushang** oder **kleines Plakat** gestaltet. Wenn Sie es laminieren, mit Folie überziehen oder auf Pappe kleben, haben Sie ein **Schild,** das Sie immer wieder verwenden können. Ideal ist das z. B. um auf kursierende Krankheiten (Läuse) hinzuweisen oder auf einen Schließtag. Legen Sie für solche Schilder einen konkreten Platz fest, z. B. an der Eingangstür von innen, sodass die Info von außen sichtbar ist. Wollen Sie, dass die Eltern das Schild sowohl beim Hinein- als auch beim Hinausgehen lesen können, sollten Sie die Information beidseitig anbringen (ähnlich einem Open/Closed-Schild).

So gestalten Sie Ihre Plakate und Schilder

Skizzieren Sie Ihre Idee. Diese verändern Sie so oft, bis Sie einen endgültigen Entwurf in Händen halten.

Entscheiden Sie zunächst, was unbedingt auf dem Plakat stehen sollte. Dafür müssen Sie überlegen, welche Informationen Sie übermitteln wollen, z. B. die Ankündigung eines Gauklerfestes. Legen Sie fest, welches Element auf Ihrem Plakat die Hauptaussage vermitteln und der Eyecatcher sein soll – Bild oder Text.

Je nachdem wie Sie sich entschieden haben, formulieren Sie zuerst die Informationen im Zentrum des Plakats und ergänzen Sie diese mit Bildern. Oder Sie füllen das Plakat vor allem mit einem aussagekräftigen Bild und setzen den Text anschließend zurückhaltender dazu.

So ...

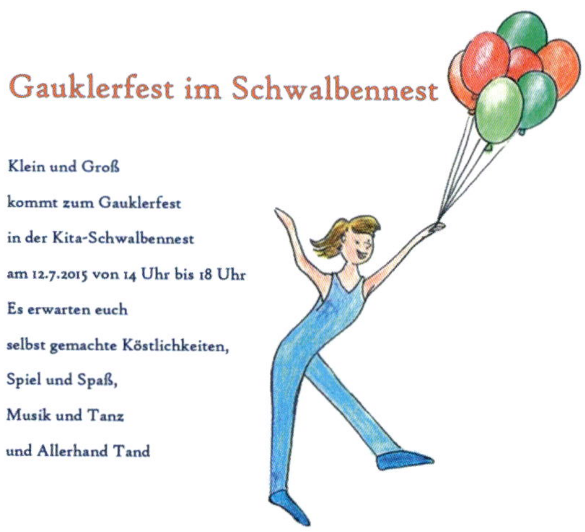

... oder so?

Um sich die Arbeit zu erleichtern, können Sie Ihre **Textelemente aufschreiben** oder ausdrucken und anschließend ausschneiden. Legen Sie die **Textstreifen auf ein Papier** in Größe des Plakats und schieben Sie sie herum, bis es gut aussieht. So finden Sie am schnellsten die beste Position für Ihre Informationen.

Wichtig ist, dass Sie den **Text extrem reduzieren.** Schreiben Sie nur auf, was unbedingt notwendig ist, um Ihre Information zu verstehen.

Also lieber

Gauklerfest am 12.7.

statt

Einladung zum Gauklerfest am 12. Juli 2015.

Bei **Plakaten** sind die **Bilder** ausschlaggebend. Wenn Sie nicht mit Fotos arbeiten wollen oder können, lassen Sie die Kinder Plakate gestalten. Sie können großflächig (= plakativ) malen, kleben, sprühen oder drucken. Jedes Plakat wird so um **Unikat** und einem kleinen Kunstwerk.

Die farbliche Gestaltung und Bebilderung sollte unbedingt zum Thema passen. Wählen Sie beispielsweise helle, bunte Töne für ein fröhliches Fest und warme, gedeckte Farben für ein besinnliches Treffen im Herbstwald.

Ihre Plakate, Handzettel und Flyer fallen auf die Einrichtung zurück. Das merken Sie nicht nur an den Besucherzahlen. Sie spüren auch, ob die Betrachter Ihrer Aushänge Sie als Fachleute wahrnehmen. Professionell gestaltete Info-Materialien helfen dabei, Ihr Image als Bildungseinrichtung positiv zu verstärken.

Nur eine lästige Pflicht? –

Die Konzeption

Es sind nicht nur Veranstaltungsankündigungen und Infobroschüren, die Sie ansprechend gestalten sollten, auch die Konzeption ist es beispielsweise wert, attraktiv in Szene gesetzt zu werden.

Die **Konzeption** einer Kita ist Leitfaden für das Personal aber auch Orientierung für Eltern und Träger. Darin ist zu lesen, wie die pädagogischen Fachkräfte konkret arbeiten, welche Ziele sie verfolgen und wie sie diese erreichen möchten. Die Konzeption wird von den Mitarbeiterinnen der Kita formuliert und mindestens einmal jährlich überarbeitet.

Eine ausführliche Konzeption sollte als Broschüre oder Loseblattsammlung in der Kita zu bekommen sein (ggf. gegen einen kleinen Unkostenbeitrag). Zudem kann die Kita einen Download auf der Kita-Homepage bereitstellen.

Eine **Kurzform der Konzeption** bereitzuhalten ist sinnvoll, um den Eltern einen kurzen Überblick in die Arbeitsweise Ihrer Einrichtung zu geben.

Gerade Nicht-Pädagogen sind von einer ausführlichen Kita-Konzeption manchmal überfordert und lesen sie gar nicht erst.

Die Kurzform Ihrer Konzeption können Sie als Flyer oder als Broschüre, aber auch auf der Kita-Website veröffentlichen.

Um Ihre Konzeption im Umfang zu kürze, halten Sie sich an ein paar Regeln, die Sie in der Übersicht auf S. 49. finden.

Buchtipp

Ausführliche Informationen zum Thema Kita-Konzeption erhalten Sie in meinem Buch:

Yvonne Wagner:
Kita-Konzeptionen schreiben leicht gemacht.
Verlag an der Ruhr, 2014.

Wir sind auch im Netz –

Die Kita-Homepage

Eine eigene **Kita-Website** gehört heute einfach dazu. Ob sie als Unterseite der Trägerpräsenz angelegt ist oder selbstständig im Netz steht, ist dabei im Prinzip egal. Wichtig ist, dass die Inhalte und die Optik stimmen.

Da es viele Menschen als anstrengend empfinden, längere Texte am Bildschirm zu lesen, überfliegen sie die Zeilen meist nur. Das Auge springt von einem optischen Anker zum nächsten. Daher ist es besonders wichtig, kurze, klare Texte online zu stellen und diese durch fett gesetzte **Schlagwörter** und deutliche Überschriften schnell erfassbar zu gestalten.

Entscheiden Sie im Team und vielleicht auch gemeinsam mit dem Träger und den Eltern, welche Texte auf der Homepage veröffentlicht werden sollen. Lange Texte sollten möglichst als PDFs zum Download bereitstehen, damit die Leser sie problemlos ausdrucken können.

Die Form Ihrer Texte für die Website variiert genau wie die der Plakate, Aushänge oder Berichte.

Buchtipp

Wie Sie für Ihre Einrichtung eine eigene Kita-Homepage anlegen können, erfahren Sie hier:

Christina Gebauer/Yvonne Wagner:
Die eigene Kita-Homepage gestalten.
Verlag an der Ruhr, 2014.

Leitfaden: Schritte zur Konzeption

1. Sammeln Sie Ideen, was die neue Konzeption beinhalten soll und verschaffen Sie sich eine Übersicht über die einzelnen Punkte. Wollen Sie die alte Konzeption überarbeiten, evaluieren Sie, welche Punkte umgesetzt wurden, welche Punkte überflüssig sind und welche nun neu hinkommen müssen.

2. Lesen Sie Konzeptionen und Leitbilder anderer Kitas, um zu sehen, was möglich ist. Suchen Sie sich Beispiele als Vorbild für Ihre eigene Konzeption.

3. Sortieren Sie die Ideen, um einen Überblick zu bekommen. Entscheiden Sie dann erst, welche Punkte Sie tatsächlich in die Konzeption aufnehmen möchten.

4. Behalten Sie stets den roten Faden im Auge. Formulieren Sie den Schwerpunkt Ihrer Arbeit und das Anliegen der Kita und achten Sie darauf, alle Punkte daran auszurichten.

5. Schreiben Sie die Konzeption auf. Verwenden Sie dafür ein Textverarbeitungsprogramm, das Ihnen die Möglichkeit gibt, Schriftarten zu verändern und Bilder einzufügen.

6. Strukturieren Sie die Konzeption und legen Sie eine Gliederung als Inhaltsverzeichnis an.

7. Formulieren Sie an den Leser gerichtet in aktiven und klaren Sätzen.

8. Bitten Sie mehrere Teamkolleginnen und Eltern, die fertige Konzeption zu lesen und zu korrigieren. Überarbeiten Sie den Text und lesen Sie ihn erneut. Streichen Sie alles, was überflüssig ist. Lassen Sie die Konzeption unbedingt vom Träger lesen und abzeichnen. Eventuelle Änderungswünsche setzen Sie um.

9. Kürzen Sie die Konzeption für einen Flyer oder die Kita-Homepage.

10. Gestalten Sie die Konzeption ansprechend mit Bildern, Fotos und farbigen Textabschnitten.

Quelle: Yvonne Wagner: Kita-Konzeptionen schreiben leicht gemacht.
Verlag an der Ruhr 2014, S. 78.

Checkliste für die Kita-Konzeption

1. Vom Träger gelesen/Grußwort ☐

3. Vom Elternbeirat gelesen/Grußwort ☐

4. Deckblatt mit Datum versehen ☐

5. Kontaktdaten aktualisiert ☐

6. Vorwort/Einleitung geschrieben ☐

7. Gesetzliche Vorgaben aktualisiert ☐

8. Alle wichtigen Funktionen und Personen erwähnt (Träger, Vorstand, Gemeinde, Stadt, Beirat, Sponsoren …) ☐

9. Schwerpunkt und Leitbild deutlich gemacht ☐

10. Alle Bildungsbereiche ausreichend erläutert ☐

11. Öffnungs- und Schließzeiten sowie die Kosten aktualisiert ☐

12. Alle Bild- und Textrechte eingeholt ☐

13. Richtig zitiert und alle Zitate belegt ☐

14. Inhaltlich abschließend geprüft (von ________ am ________) ☐

15. Abschließende Fehlerkorrektur durchgeführt (von ________________ am ________) ☐

16. Formal abschließend geprüft (von ________________ am ________) ☐

17. Termin für die nächste Überarbeitung der Konzeption festgelegt (________) ☐

Quelle: Yvonne Wagner: Kita-Konzeptionen schreiben leicht gemacht. Verlag an der Ruhr 2013, S. 92.

So kürzen Sie Ihre Konzeption für die Kita-Website

1. Voraussetzung ist eine aktuelle Konzeption der Kita, die gültig und von allen im Team anerkannt ist.

2. Nehmen Sie zuerst das Inhaltsverzeichnis und lesen Sie es aufmerksam durch. Gibt es Punkte, die Sie streichen können, weil sie für die Kurzinfo gar nicht so wichtig sind?
   Dazu zählen z. B. die Geschichte der Kita oder des Gebäudes, die konkrete Arbeit des Fördervereins und die komplette Hausordnung, bzw. Kita-Ordnung mit Kosten und Aufnahmekriterien. All das finden die interessierten Besucher der Homepage unter dem Menüpunkt „Kosten".
   Gibt es Punkte, die Sie zusammenfassen können? Machen Sie sich Notizen oder markieren Sie die Punkte direkt im Inhaltsverzeichnis.

3. Streichen Sie alles Überflüssige im Inhaltsverzeichnis und später auch aus dem Text. Gehen Sie Kapitel für Kapitel durch. Welche Teile sind wichtig, welche nicht?
   Fragen Sie immer aus Perspektive der Eltern, die erste Informationen einholen, um ihr Kind in Ihrer Einrichtung anzumelden. Mit der Anmeldung erhalten die Eltern später die komplette Konzeption ohnehin, falls sie sie nicht schon von Ihrer Homepage heruntergeladen haben.

4. Schauen Sie alle Absätze der übriggebliebenen Textteile durch und streichen Sie auch hier Überflüssiges. Hier geht es um Details! Überflüssig sind auch viele Adjektive. Prüfen Sie jeden Absatz auf seine Kernaussage. Formulieren Sie gegebenenfalls aus mehreren Absätzen ein oder zwei klare Sätze.

5. Prüfen Sie schließlich die neuen Textsegmente auf Leserlichkeit. Ergänzen oder streichen sie, bis ein fließender, ansprechender Text entsteht.

6. Fügen Sie Bilder ein, die die Textteile illustrieren oder erläutern.

7. Lassen Sie die Kurzkonzeption von den anderen Teammitgliedern lesen und kritisieren.

8. Ändern Sie, was sinnvoll ist.

9. Stellen Sie die Kurzkonzeption online.

Quelle: Christina Gebauer/Yvonne Wagner: Die eigene Kita-Homepage gestalten. Verlag an der Ruhr, 2014, S. 115.

5. Wie schreibe ich es bloß? – Einladungen und Elternbriefe

Briefe zu **schreiben** liegt nicht jedem. Es ist nämlich gar nicht so einfach, die richtigen Worte zu finden. Ob es Einladungen sind oder wichtige Infobriefe an Eltern, nur wenn Sie die **Leser** konkret **ansprechen,** haben Sie die Chance, dass der Brief auch gelesen und verstanden wird. Trauen Sie sich zu schreiben! Üben Sie mithilfe der untenstehenden Erläuterungen und vor allem: Beobachten Sie Ihr eigenes Verhalten. Welche Briefe und Einladungen lesen Sie besonders gerne, welche überhaupt nicht?

Es gibt etwas zu feiern – Feste und Feiern

Das jährliche Sommerfest ist oft der Höhepunkt und auch der Abschluss des Kita-Jahres. Da wünschen sich die Kinder und das Team, dass alle Eltern daran teilnehmen. Die **Einladung zum Fest** muss daher die Leser so ansprechen, dass sie das Gefühl bekommen, etwas Wichtiges zu verpassen, sollten sie diesen Termin nicht wahrnehmen.

Mit der Einladung müssen Sie das **Bedürfnis** der Eltern **wecken,** unbedingt mitfeiern zu wollen.

Doch wie erreichen Sie das?

- ✔ Die Einladung darf **nur wirklich relevante Infos** enthalten.
- ✔ Sie muss den Leser direkt ansprechen und **positiv formuliert** sein.
- ✔ Wie jeder Brief, muss sie sich von den anderen **abheben,** sowohl optisch als auch inhaltlich.

Stellen Sie sich zuerst die bekannten **W-Fragen**, um den Inhalt der Einladung festzulegen:

- ✔ **Wen** laden Sie ein?
- ✔ **Was** feiern Sie – warum feiern Sie?
- ✔ **Wer** feiert?
- ✔ **Wo** feiern Sie?
- ✔ **Wie** feiern Sie – welche Form hat das Fest? (Grillfest, Zirkusfest …)
- ✔ **Wann** feiern Sie?
- ✔ **Was noch?**

Beispiel

Wir laden die Familien der Kinder ein.

Wir feiern ein Frühlingsfest – es ist zugleich unser Jahresfest.

Die gesamte Kita-Schönhausen feiert – die Kinder und das Team.

Wir feiern in unserem Garten und im Haus.

Es wird ein Grillfest mit Picknick sein.

Es wird gespielt.

Wir feiern am 28.04.2015 von 14 Uhr bis 18 Uhr.

Diese Frage beinhaltet alles, was zusätzlich wichtig ist. Für ein Grillfest beispielsweise könnten die Eltern Fleisch und Teller selbst mitbringen.

Formulieren Sie nun den Text. Sprechen Sie dabei den Leser konkret an und sortieren Sie die Infor

An der **Reihenfolge der Infos** können Sie noch feilen. Schreiben Sie dafür den Text in Stichpunkten auf Zettel und legen Sie sie untereinander – immer wieder in anderer Reihenfolge. Bald merken Sie, dass sich durch das Verschieben mal schöner und mal schlechter klingende Formulierungen ausarbeiten lassen. Das passiert, weil sich eben nicht immer ein Bindewort oder ein stimmiger Bindesatz einfügen lässt und so der Sinnzusammenhang verloren geht.

Beispiel

Liebe Familien,

wir laden Sie herzlich ein, mit uns ein Frühlingsfest zu feiern.

Es findet am 25.4.15 von 14 bis 18 Uhr im Kita-Garten und im Haus statt.

Für Spiel und Spaß ist gesorgt.

Es wird ein Picknick geben und wir möchten grillen.

Bringen Sie dafür bitte Ihr Grillgut selbst mit.

Wir freuen uns auf Sie!

Das Team und die Kinder der Kita-Schönhausen

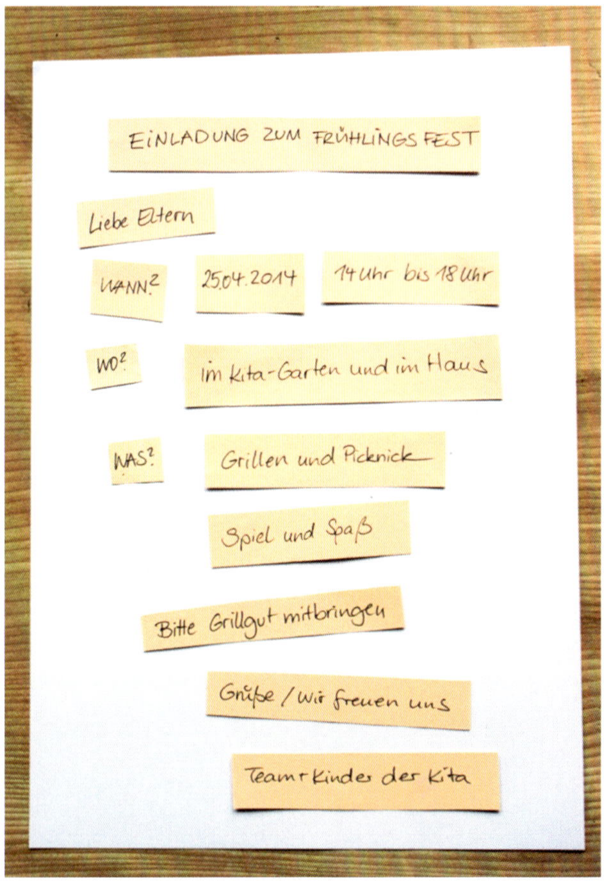

So geht's auch

Wenn Sie es sich einfach machen wollen und gerne plakativ arbeiten, schreiben Sie einige der **W-Fragen** auf die Einladung und setzen Sie die jeweilige Antwort dahinter. Das könnte so aussehen:

EINLADUNG ZUM FRÜHLINGSFEST

Wann? *25.4.2015*
14 Uhr-18 Uhr

Wo? *Im Haus und im Garten der Kita-Schönhausen*

Was? *Grillen und Picknick*
Spiel und Spaß

Was noch? *Bitte eigenes Grillgut mitbringen*

Wir freuen uns auf Sie!

Die Kinder und das Team der Kita-Schönhausen

Gestaltung

Eine **Einladung** zu einem Fest oder einer Feier ist etwas Erfreuliches. Das sollte der Empfänger am besten auch auf den ersten Blick erkennen. Um das zu erreichen, müssen Sie sie auch **optisch ansprechend und freundlich gestalten.**
Im Prinzip sind Einladungen zu Festen Plakaten sehr ähnlich. Die wichtigsten Informationen werden mit minimaler Ausgestaltung vermittelt.

Die **Gestaltung des Textes** ist abhängig vom **Thema des Festes** und hängt zugleich von der **Form der Einladung** ab. Wollen Sie ein Asterix-Fest veranstalten und teilen Einladungen in Form von faustgroßen Steinen aus, darf die Einladung nur kurz gehalten sein, denn Sie müssen alles von Hand auf den Stein schreiben. Laden Sie zu einem Sommerfest-Zirkus ein, kann der Brief ein gefaltetes Zirkuszelt sein. Hierfür tippen Sie den Text. Dann falten und gestalten Sie das Papier passend zum Thema.

Grundsätzlich gilt:

- ✔ Verwenden Sie möglichst nur eine Schriftart.
- ✔ Sparen Sie mit Farben – die verwenden Sie lieber für Abbildungen oder/und das Papier.
- ✔ Schreiben Sie den Text durchgängig in einer Größe. Nur die Überschrift und mögliche Zwischenüberschriften oder die Schlagwörter („Wer", „Was" usw.) bekommen eine andere Größe.

Die **Gestaltung des Layouts,** also die Aufteilung der Texteinheiten (Textblöcke) und der Abbildungen folgt demselben Prinzip wie die Gestaltung des Textes:

Richten Sie sich nach dem Motto des Festes und lassen Sie viel Luft auf dem Papier, damit der Betrachter die wichtigen Informationen sofort erfasst!

Wir geben bekannt –

Elternabend

Viele Kitas klagen darüber, dass die Elternabende und -nachmittage so schlecht besucht sind. Wenn nur ein kleiner Teil der Eltern teilnimmt, ist es besonders schwer, **wichtige Informationen** mitzuteilen und dabei auch direktes **Feedback** zu erhalten. Elternabende sind jedoch immer noch der beste Weg, persönlich und in der Runde der Angesprochenen mitzuteilen, was gerade besonders wichtig ist.

Wie können Sie aber das Interesse der Eltern wecken? Sicher nicht nur über eine **perfekt formulierte und gut gestaltete Einladung**. Es gehören aber auch ein **gutes Klima** in der Kita dazu, **Freundlichkeit** und **Herzlichkeit** zwischen Fachkräften und Eltern, sowie **Offenheit** gegenüber Kritik und Anregungen.

Widmen wir uns hier nun der **Einladung zu einem Elternabend.**

Stellen Sie wieder die **W-Fragen**, um den Inhalt der Einladung festzulegen:

- ✔ **Wen** laden Sie ein?
- ✔ **Was** ist der Anlass/das Thema des Elternabends? Warum gibt es einen Elternabend?
- ✔ **Wer** veranstaltet/gestaltet/moderiert den Elternabend?
- ✔ **Wo** findet der Elternabend statt?
- ✔ **Wie**, in welcher Form findet der Elternabend statt? (übliche Runde, Gesprächskreis, Einzelgespräche, Vortrag, Workshop …)
- ✔ **Wann** findet der Elternabend statt?
- ✔ **Was noch?** (z. B. „Themenwünsche nehmen wir gerne bis 15.05.15 entgegen!")

Notieren Sie die Antworten und bringen Sie sie in eine sinnvolle Reihenfolge. Achten Sie darauf, immer konkret zu formulieren. Sagen Sie, was Sie sagen möchten, damit die Eltern auch verstehen, was Sie meinen. Denken Sie daran, die Sätze nicht zu verkomplizieren. Schreiben Sie also nur das, was wichtig ist und sparen Sie an unnötigen Wörtern. Nennen Sie Fakten beim Namen!

Beispiel

Wir geben Ihnen Gelegenheit, sich gemeinsam zu überlegen, wer sich als Sprecher der Eltern eignet, Vorschläge für zwei Sprecher zu machen und diese dann auch durch geheime Wahl zu wählen.

Was will uns dieser Text sagen?

Beispiel

Sie haben Gelegenheit die Elternsprecher zu wählen.

Befürchten Sie, manche Eltern, besonders die mit dem ersten Kind in einer Kita, verstehen nicht, was das bedeutet? Dann erklären Sie es kurz:

Beispiel

Der Elternsprecher vertritt die Interessen der Eltern gegenüber den Fachkräften und dem Träger. Es werden zwei Sprecher pro Gruppe in geheimer Wahl bestimmt, die das Amt für ein Kindergartenjahr übernehmen.

Ein Elternabend dient in erster Linie der Übermittlung von Informationen im Kreis der angesprochenen Gruppe. Daher sollte die Einladung entsprechend formuliert und gestaltet werden. Schreiben Sie sachlich, aber freundlich. Das bedeutet, dass Sie nicht künstlich durch Fachbegriffe und diverse Gliederungen aufblähen, sondern klar formulieren.

Beispiel

Liebe Eltern,

wir laden Sie herzlich zu unserem ersten Elternabend der Spatzengruppe am 24.4. ein.

Beginn ist um 19 Uhr im Gruppenraum der Spatzen. Wir planen ein voraussichtliches Ende gegen 21 Uhr.

Folgende Themen möchten wir besprechen:

- ✔ *Bringen und Abholen: So gestalten wir es kinderfreundlich*
- ✔ *Das gemeinsame Mittagessen*
- ✔ *Unser Laternenfest*
- ✔ *Wahl der Elternsprecher*
- ✔ *Weitere Themen auf Wunsch*

Beim Elternabend haben Sie Gelegenheit, die anderen Eltern der Spatzenkinder kennenzulernen und sich mit ihnen auszutauschen.

Wir freuen uns auf einen interessanten und schönen Abend mit Ihnen!

Ihre Sabine Meier und Caroline Chaussee von der Spatzengruppe des Kindergarten Sonnengruß

Nun müssen Sie die Einladung noch so **gestalten**, dass die Eltern sie sofort lesen. Außerdem sollten sie den Termin möglichst in Erinnerung behalten, damit sie ihn nicht gleich wieder vergessen.

Eine geschickte Möglichkeit ist es, auf **farbiges Papier** zu setzen. Allerdings sollten dann alle Elternabend-Einladungen immer dieselbe Farbe bekommen. Andere Elternbriefe sind dann in weiß oder einer anderen Farbe gestaltet. So erkennen die Eltern sofort:
Ein gelber Brief – eine Einladung zum Elternabend, ein hellblauer Brief – die monatlichen Kita-Infos.

Benutzen Sie die **Schrift**, die Sie üblicherweise in der Kita verwenden. Wenn es so eine Schrift nicht gibt, nehmen Sie eine, die man gut lesen kann, die aber auch zum Anlass passt.

Beispiel

Diese Schrift wirkt sachlich und formell.

Diese wirkt verspielt und eignet sich eher für die Einladung zu einem Kindergeburtstag.

Diese Schrift eignet sich gut für lange Texte.

Diese ist kaum lesbar und viel zu verspielt.

Diese Schrift wirkt spielerisch und ist trotzdem gut lesbar.

Diese Schrift ist sachlich, modern, aber auch ansprechend.

Gliedern Sie Ihren Text in sinnvolle Abschnitte, um das Lesen zu erleichtern.
Kennzeichnen Sie die wichtigen Punkte **fett**.

Beispiel

Liebe Eltern,

wir laden Sie herzlich zu unserem ***ersten Elternabend*** *der* ***Spatzengruppe am 24.4.*** *ein.*

Beginn ist um ***19 Uhr*** *im Gruppenraum der Spatzen. Wir planen ein voraussichtliches* ***Ende gegen 21 Uhr.***

Zum Schluss gestalten Sie noch einen **Abschnitt**, der als **Rücklauf** dient. Schreiben Sie alles hinein, was Sie vor dem Elternabend wissen müssen. Neben der Anzahl der Teilnehmer können Sie hier auch Themenwünsche platzieren. Denken Sie aber daran, dass der Abschnitt noch übersichtlich und lesbar bleiben muss. Setzen Sie zu oberst einen Strich oder eine gestrichelte Linie und schreiben Sie darüber, wann der Rücklauf in der Kita angekommen sein soll.

Vergessen Sie nicht, unten zwei Zeilen für das Datum und die Unterschrift zu markieren. Wenn Sie befürchten, anhand der Unterschriften nicht zu erkennen, von wem der Brief ist bzw. zu welchem Kind der Abschnitt gehört, schreiben Sie den Namen der Kinder auf jeden Brief. Alternativ können Sie auch im Abschnitt eine Zeile dafür einfügen.

Bitte geben Sie den Abschnitt bis 23.4. in der Spatzengruppe ab!

✂- -

Name des Kindes ______________________________

○ *Ich komme zum Elternabend. /* ○ *Wir kommen zum Elternabend (____ Personen).*

○ *Ich wünsche mir noch folgendes Thema:* ______________________________

○ *Ich kann leider nicht zum Elternabend kommen.*

______________ ______________________________

Datum *Unterschrift*

Für die kleinen Felder, die **Gliederungspunkte zum Ankreuzen,** können Sie ein großes O verwenden, eine Null oder auch ein Symbol.

Je nachdem, ob es sich um einen fachlichen Elternabend handelt, ein nettes Beisammensein oder einen Elternabend, bei dem für die Weihnachtsfeier gebastelt wird, können Sie entsprechende Symbole einsetzen. Es ist ebenso möglich, kleine Fotos bzw. Bilder als Gliederungspunkte einzufügen.

○ *Wir kommen zum Info-Elternabend.*

☺ *Wir freuen uns schon auf das nette Beisammensein.*

☆ *Ich komme gerne zum Weihnachtsbasteln*

Tipp

Bei Word 2010 finden Sie die Symbole unter „Einfügen" – „Symbol". Unter den Symbolen gibt es auch eine kleine Schere, mit der Sie markieren können, wo die Eltern den Abschnitt abtrennen sollen.

Die Symbole können Sie sich auch als Gliederungspunkte einfügen. Dafür klicken Sie auf den kleinen Pfeil neben den Aufzählungszeichen (Gliederung) und unten auf „neue Aufzählungszeichen definieren". Jetzt können Sie ein Symbol auswählen und mit „OK" aktivieren.

So können Sie auch Bilder auswählen, die sich auf Ihrem Rechner befinden.

Nicht zu vergessen –

Beiratsversammlungen

Das Treffen der Elternsprecher wird meist **Elternbeiratstreffen** genannt. Nicht immer sind hier Vertreter des Kita-Teams anwesend. Entsprechend der Aufgaben des Elternbeirates formuliert ein Schriftführer die Einladung zum Treffen und verteilt sie an die Angesprochenen. Sehr selten übernimmt diese Aufgabe jemand aus dem Kita-Team, zum Beispiel wenn es sich um das erste Treffen einer neuen Kita handelt.

Das folgende Beispiel zeigt Ihnen, wie so eine Einladung aussehen kann. Sie ist sachlich geschrieben und formatiert, sodass die Absicht sofort klar ist. Nämlich ein Treffen der Beiräte bzw. Sprecher, um sich über neue Ziele, Aufgaben und Bedürfnisse der Elternschaft und der Kinder auszutauschen. Eine Einladung zu einer Elternsprecherversammlung ist mit einem formellen Brief vergleichbar, weil hier nur sachliche Inhalte vermittelt werden.

Kita am Torbogen
Waldweg 33
999888 Wichtelheim

Tel: 01235/6789910
www.kitatorbogen.de

12.10.2014

Elternbrief zur Elternbeiratswahl 2014/2015

Liebe Eltern,

während unserer ersten Elternabende haben alle Gruppen ihre Elternsprecher gewählt. Wir bedanken uns für den Einsatz der Elternsprecher des letzten Jahres und begrüßen ganz herzlich alle neu gewählten Elternsprecher.

Grüne Gruppe
Sabine Mütz
Gabriele Haferstroh

Blaue Gruppe
Svenja Mohn
Cordula von Hoppen

Gelbe Gruppe
Markus Meier
Valerie Gröben-Sturm

Die erste Elternsprecher-Versammlung findet am **Mittwoch, 22.10.2014 um 19 Uhr in der Aula** statt. Themenwünsche und Fragen übermitteln Sie bitte Frau Sabine Mütz (Grüne Gruppe) mündlich, schriftlich (Elternsprecher-Briefkasten in der Garderobe) oder per Mail an s.muetz@domain.de.

Wir freuen uns auf eine gute und erfolgreiche Zusammenarbeit.

Ihr Kita-Team

Wir zeigen uns –

Tag der offenen Tür

Der **Tag der offenen Tür** ist etwas ganz besonderes. Er findet meist nur alle paar Jahre statt, beispielsweise wenn ein Jubiläum ansteht. Die Kita öffnet ihre Türen, um sich vorzustellen, neue „Kunden" also Eltern mit Kindern, zu gewinnen oder einfach mit allen zu feiern, die Lust dazu haben.

Entsprechend Ihrer **Ziele** für den Tag der offenen Tür richten Sie auch Ihre Werbung aus. Plakate eigenen sich gut, um sie im Ort aufzuhängen. Handzettel und eine Ankündigung auf der Website bieten Platz für genauere Informationen. Hier konzentrieren wir uns auf einen Brief an die Kita-Eltern.

Die Antworten auf die obligatorischen **W-Fragen** ergeben beispielsweise:

- ✔ **Wen?** Eltern der Kita-Kinder, Eltern „neuer" Kinder, Interessierte, Presse, Gemeinde …
- ✔ **Was?** Vorstellen der Kita, Haus, Arbeitsweise, pädagogische Prinzipien, Personal
- ✔ **Wer?** Gesamte Kita
- ✔ **Wo?** Haus und Garten
- ✔ **Wie?** Aktionen, Infowände im gesamten Haus

Ihre Einladung könnte inhaltlich so aussehen:

EINLADUNG ZUM TAG DER OFFENEN TÜR

anlässlich unserer 10-jährigen Jubiläums

Am 25. Juni 2015 von 14 Uhr bis 18 Uhr

Programm:

- ✔ *14 Uhr: Die Kinder der Sonnengruppe begrüßen Sie mit einem Sonnenlied*
- ✔ *Kaffee, Kakao und Kuchen*
- ✔ *Alle Gruppen sind geöffnet*
- ✔ *Spiel und Spaß in Haus und Garten*
- ✔ *Info-Wände*
- ✔ *15 Uhr: Die Mondgruppe zeigt ihren Drachentanz*
- ✔ *16 Uhr: Die Sternengruppe unterhält Sie mit ihrem Quatsch-Orchester*

Das Kita-Team und ein Vertreter des Trägers stehen Ihnen den ganzen Tag für Fragen zur Verfügung.

Wir freuen uns auf Ihren Besuch!

Birgit Frühauf

Tipp

Diese Form der Einladung eignet sich für den Handzettel. Fügen Sie Bilder und einen farbigen Hintergrund ein.

Sie können die Einladung aber auch als Brief formulieren:

Liebe Eltern,

wir laden Sie ein, unser 10-jähriges Jubiläum mit einem Tag der offenen Tür zu feiern!

Die Kita öffnet am 25. Juni 2015 von 14 Uhr bis 18 Uhr ihre Türen.

Im Haus verteilt finden Sie Info-Wände über unsere Arbeit der letzten 10 Jahre. Für die Kinder und alle, die Lust dazu haben, gibt es Spiel und Spaßaktionen im Haus und Garten. Natürlich dürfen Sie alle Gruppenräume besichtigen und sehen, wo sich Ihre Kinder täglich aufhalten.

Für das leibliche Wohlbefinden sorgt ein Kita-Café mit Tee, Kakao, Kaffee und Kuchen. Auch die Kinder präsentieren sich an diesem Tag:

14 Uhr: Die Sonnengruppe begrüßt Sie mit einem Sonnenlied

15 Uhr: Die Mondgruppe zeigt ihren Drachentanz

16 Uhr: Die Sternengruppe unterhält Sie mit ihrem Quatsch-Orchester

Wir freuen uns auf Ihren Besuch!

Bringen Sie gerne Verwandte, Freunde, Nachbarn und andere Interessierte mit.

Ihre Kita

Wenn es Ihnen wichtig ist, vorab zu wissen, wie viele Besucher kommen, hängen Sie einen Rücklaufzettel an.

Als **Info für die Presse** schicken Sie die **Handzettel-Version** an die Redaktionen und legen ein Anschreiben bei. Darin erklären Sie, worum es geht, und dass Sie um Veröffentlichung des Termins bitten. Wenn Sie die Presse zur Veranstaltung einladen möchten, schreiben Sie dies ebenfalls dazu. Suchen Sie vorher den Ansprechpartner heraus. Den Namen des Redakteures finden Sie im Internet oder direkt in der jeweiligen Zeitung im Impressum.

Anschreiben an die Presse

18.06.2015

Kita-Sonnenschein
Sommerweg 1
12345 Winterhof

Tel: 01234/45 67 89

Sehr geehrter Herr Schreiber,

am 25.06.2015 findet der Tag der offenen Tür von 14 Uhr bis 18 Uhr in der Kita-Sonnenschein statt. Bitte setzen Sie eine entsprechende Information in Ihre Veranstaltungshinweise.

Wir würden uns freuen, wenn Sie uns persönlich besuchen und über unsere Veranstaltung berichten. Anbei finden Sie einen Handzettel mit allen wichtigen Informationen.

Mit freundlichen Grüßen

Elfriede Girsch

Kita Sonnenschein

Bedenken Sie, dass **Pressearbeit** vielfach über das **Internet** stattfindet. Schicken Sie also Ihren Brief per E-Mail an die Redaktion und hängen Sie den **Handzettel als PDF-Datei** an. Wählen Sie unbedingt einen **aussagekräftigen Betreff**, wie „Tag der offenen Tür Kita Sonnenschein", damit der Redakteur sofort erkennt, dass es sich um eine seriöse Mail handelt.

Ist leider kein Journalist zu Ihrer Veranstaltung erschienen, können Sie selbst einen **Bericht für die Presse** verfassen. Nehmen Sie ein oder zwei gute **Fotos** (bedenken Sie hier unbedingt die Persönlichkeitsrechte der fotografierten Personen!), am besten in **digitaler Form** sowie hochauflösend und legen Sie auch Ihren Info-Handzettel bei bzw. hängen Sie ihn an. (Näheres dazu finden Sie auf Seite 39).

Die Chance, dass der eigene Text veröffentlich wird, ist zwar gering, aber einen Versuch ist es wert.

Wir informieren – Elternbriefe

Elternbriefe lassen sich in zwei Kategorien einteilen:

1. Regelmäßige Informationen über das Geschehen in der Kita
2. Persönliche Mitteilungen

Auch Einladungen sind natürlich Briefe an die Eltern. Doch hat sich der Begriff „Elternbrief" als eigenständiger Begriff etabliert, um Informationen an die Eltern weiterzugeben.

Wenn Sie genau wissen möchten, welche Informationen sich die Eltern wünschen, machen Sie eine

Umfrage. Verteilen Sie an alle Eltern eine Liste mit Fragen, die sie nur ankreuzen müssen und anonym zurückgeben können. Stellen Sie dafür einen Kasten auf, damit die Anonymität auch wirklich gewahrt bleibt.

Auf Seite 68 finden Sie eine **Beispielumfrage**. Formulieren Sie Ihre eigene Umfrage so, dass sie Ihren Plänen und Bedürfnissen entspricht!

Tipp

Ein Schuhkarton, versehen mit einem Schlitz zum Einwerfen der Briefe, ist ausreichend. Bitten Sie Kinder, den Schuhkarton anzumalen oder zu bekleben und stellen Sie ein Schild dazu oder schreiben Sie auf den Karton, dass es der Einwurfkasten für die Umfrage ist.

Regelmäßige Infobriefe

In vielen Kitas verschickt das Team wöchentlich oder auch monatlich regelmäßig einen **Infobrief** an die Eltern. Darin stehen die wichtigsten **Neuigkeiten, Termine und Aufrufe zur Mithilfe**. Oft arbeiten Eltern am Infobrief mit, gestalten ihn, setzen die Informationen zusammen und kopieren oder verschicken ihn.

Regelmäßige Infobriefe haben den großen Vorteil, dass alle Eltern jederzeit informiert sind. Das bedeutet, niemand kann später sagen, er hätte nicht gewusst, dass es eine Veränderung gab. Das Team muss nicht alle Eltern einzeln ansprechen oder immer neue Briefe verschicken. Die Regelmäßigkeit gibt auch den Eltern Sicherheit, stets informiert zu sein, was in der Kita vorgeht und was aktuell ansteht.

Folgende Regeln helfen Ihnen, die Infobriefe zu formulieren:

- ✔ Verwenden Sie immer dieselbe Struktur, so sehen die Eltern auf einen Blick, was für sie wichtig ist.
- ✔ Kopfzeile: Adresse/Mailadresse, Datum, Nummer des Briefes
- ✔ Kita-Logo
- ✔ Termine
- ✔ Infos in Abschnitten oder mit Gliederungspunkten
- ✔ Information über den Ansprechpartner für Infobriefe
- ✔ Redaktionsschluss, also der späteste Abgabetermin für den nächsten Infobrief
- ✔ Nummerieren Sie die Briefe durch. Zum Beispiel „Elternbrief 1/15“ (Brief 1 im Jahr 2015).
- ✔ Richten Sie einen Mailverteiler ein, um die Infobriefe zu verschicken. Ideal ist es, wenn das Info-Dokument als PDF-Datei einer E-Mail angehängt wird, damit es auch beim Empfänger so aussieht, wie es der Absender gestaltet hat.
- ✔ Fassen Sie sich kurz! Formulieren Sie die Texte kurz und klar. Verzichten Sie auf alles Überflüssige.
- ✔ Setzen Sie nur für die Eltern relevante Infos in den regelmäßigen Elternbrief. Werbungen und Ankündigungen von Aktionen, die nicht direkt die Kita betreffen, haben hier nichts zu suchen.
- ✔ Sprechen Sie mit den Eltern ab, ob sie so etwas wie ein Schwarzes Brett in den Elternbriefen einrichten möchten. Hier können Sachen gesucht, verkauft, verschenkt oder Gefundenes bekannt gegeben werden.

Persönliche Mitteilungen

Informationen, die ein einzelnes Kind bzw. dessen Eltern persönlich betreffen, formulieren Sie in einen persönlichen Brief. Weil Sicherheit und Vertraulichkeit beim Versenden per E-Mail oder per Kinder-Briefkasten nicht unbedingt gewährleistet ist (es könnte jemand mitlesen), schicken Sie persönliche Mitteilungen lieber per Post oder sprechen Sie die Eltern direkt an.

Denken Sie immer daran, dass **Eltern** die **Experten für ihre Kinder sind!** Formulieren Sie die Briefe also stets im Wissen, dass Sie die Eltern in ihrer Erziehung und Beziehung zum Kind unterstützen und nicht belehren wollen. **Sprechen Sie die Eltern im Brief persönlich an**, damit sie sich auch angesprochen fühlen. Also:

Liebe Familie Körner!

Liebe Frau Körner, lieber Herr Körner!

Dosieren Sie neue Informationen vorsichtig. Zu viel Neues überfordert manche Eltern. Setzen Sie am besten bei vorhandenem Wissen an. Wenn Sie die Eltern beispielweise beim Elternabend über die anstehenden Entwicklungsgespräche informiert haben, können Sie das im Brief erwähnen. Ein Beispiel, wie Sie solch einen Brief formulieren können, finden Sie auf S. 70.

Auch wenn Sie eine **Neuerung** einführen, ist es sinnvoll, die Eltern persönlich darüber zu informieren. Auch hier können Sie an bereits vermittelte Informationen anknüpfen. Haben Sie beispielsweise vor, statt der üblichen Brotzeit, ein Frühstücksbuffet für die Kinder einzuführen, erklären Sie näheres bei einem Elternabend. Damit aber wirklich alle Eltern informiert sind und keine Missverständnisse aufkommen, schreiben Sie zusätzlich einen Brief an alle Eltern. Darin können Sie alle Informationen noch einmal kurz zusammenfassen und weiteres ergänzen. Ein Beispiel für solch einen Brief finden Sie auf S. 73.

Wenn Sie ein Projekt mit einigen Kindern durchführen, demnächst zum Schwimmen gehen möchten oder einen Ausflug machen wollen, benötigen Sie die Einverständniserklärung der Eltern. In einem Elternbrief informieren Sie kurz über das Vorhaben und bitten um Rückmeldung.

So beispielsweise für ein Projekt der Praktikantin:

Liebe Eltern,

im Rahmen meiner Ausbildung zur Erzieherin biete ich in der Kita ein Projekt zum Thema Farben an. Ihr Kind möchte gerne mitmachen. Wir beginnen am 3. März und treffen uns täglich um 10 Uhr im Atelier. Projektende ist voraussichtlich der 17. März.

Bitte denken Sie daran, Ihrem Kind während der Projektzeit möglichst ältere Kleidung anzuziehen, da trotz Malkittel etwas Farbe daneben gehen kann.

Am 20. März von 14.30 Uhr bis 16 Uhr möchten die Kinder Ihnen in einer Ausstellung zeigen, was sie gelernt und erlebt haben. Dazu lade ich Sie herzlich ein. Bei Kaffee und selbstgebackenem Kuchen gibt es Gelegenheit, sich auszutauschen.

Bitte geben Sie den unteren Abschnitt bis zum 15. März in der Kita ab, damit wir planen können.

Viele Grüße

Isabell Knopf

○ *Ich komme gerne zur Ausstellung*

○ *Ich kann nicht zur Ausstellung kommen*

____________ ____________________

Datum *Unterschrift*

Folgende Regeln helfen Ihnen beim Formulieren von Elternbriefen:

- ✔ Schreiben Sie möglichst nicht mehr als eine DIN A4-Seite. So bleibt der Text überschaubar.
- ✔ Benutzen Sie immer dieselbe Schrift für alle Briefe.
- ✔ Verwenden Sie ein Format bzw. einen Stil für alle Briefe einer Kategorie, wie für die Elterninfos, die persönlichen Elternbriefe, die allgemeinen Mitteilungen oder die Informationen rund um Organisation und Finanzen.
- ✔ Schreiben Sie immer das Wichtigste zuerst!
- ✔ Vergessen Sie nicht, einen Rücklaufabschnitt anzuhängen, wenn Sie eine Rückmeldung benötigen.
- ✔ Markieren Sie relevante Textstellen farbig oder fett.
- ✔ Teilen Sie den Text in sinnvolle Abschnitte, damit das Lesen leichter fällt.
- ✔ Sprechen Sie die Eltern auch persönlich an, wenn Sie ihnen persönliche Briefe schicken. Allgemeine Infos an alle Eltern können Sie entsprechend allgemein formulieren („Liebe Eltern“)
- ✔ Persönliche Briefe an die Eltern müssen Sie in einen Umschlag stecken und diesen zukleben!

Formelle Briefe

Manchmal ist es nötig, einen formellen Brief zu verschicken. Dabei handelt es sich beispielsweise um Informationen über Beitragsänderungen, Personalwechsel oder im schlimmsten Fall eine Kündigung des Kita-Platzes. Auch an Außenstehende müssen Sie ab und zu einen Brief senden. Dabei sollten Sie einige formale Regeln einhalten, um möglichst professionell zu wirken.

Auf S. 75 finden Sie einen **Musterbrief**. Nach diesem Modell können Sie sich einen eigenen Musterbrief anfertigen und als Vorlage in Ihrem Textverarbeitungsprogramm speichern. So können alle Teammitglieder wichtige formelle Briefe im selben Format erstellen und unterstützen damit das einheitliche und professionelle Erscheinungsbild Ihrer Einrichtung.

Damit Ihr Brief höflich, professionell und doch nicht gestelzt klingt, schreiben Sie in klarem einfachem Hochdeutsch (Standardsprache). Achten Sie darauf, keine allzu langen und komplizierten Sätze zu formulieren und Ihr Anliegen deutlich auf den Punkt zu bringen.

Als kleines Hilfsmittel habe ich Ihnen ein paar Varianten für Anrede, Verabschiedung und Abschlussbemerkungen zusammengestellt:

Anrede:

Sehr geehrter Herr …,

Sehr geehrte Familie …,

Liebe Familie …,

Verabschiedung:

Mit freundlichen Grüßen

Mit freundlichem Gruß

Herzliche Grüße

Viele Grüße

Es grüßt herzlich

Es freuen sich auf ein Wiedersehen

Abschlussbemerkungen:

Für Rückfragen stehen wir Ihnen gern zur Verfügung.

Bei Fragen rufen Sie uns zu den Sprechzeiten an.

Sollten Sie noch Fragen haben, rufen Sie uns bitte an.

Bei Fragen können Sie uns anrufen oder eine E-Mail schicken.

E-Mail oder Brief?

Wie oben erwähnt, ist eine E-Mail nicht sicher genug, um vertrauliche Informationen weiterzuleiten. Wenn es also darum geht, Eltern über ein Problem mit der Überweisung des monatlichen Beitrags oder der Entwicklung ihres Kindes zu informieren, sollten Sie lieber einen Brief auf Papier ausdrucken und in einem verschlossenen Umschlag verschicken oder persönlich übergeben.

Wollen Sie Elternbriefe als E-Mail senden, müssen Sie diese nicht viel anders gestalten als auf Papier. Sinnvoll ist es, den im Brief üblichen „Kopf" mit ausführlichen Adressangaben des Absenders und Empfängers wegzulassen, da beides mit der Mail übermittelt wird. Auch eine Datumangabe ist nicht nötig, denn der Empfänger erhält diese Info mit der Mail.

Beachten Sie, dass es bei E-Mails sinnvoll ist, jeweils nur ein Thema zu bearbeiten. So können Sie bereits im Betreff benennen, um was es geht und der Empfänger kann die E-Mail sofort richtig einsortieren und später leichter wiederfinden. Fassen Sie sich kurz und überlegen Sie vorher genau, welche Informationen Sie in einer E-Mail unterbringen möchten.

Um Ihren Absender genauer zu definieren, als es im E-Mailprogramm automatisch passiert, können Sie eine Signatur einrichten. Lassen Sie das Programm automatisch unter jede E-Mail das Logo der Kita oder zumindest die Adresse schreiben. Steht ein wichtiges Ereignis an, können Sie auch diesen Termin in der **Signatur** angeben. Wenn es eine Kita-Webseite gibt, sollten Sie die URL, also die Webadresse, ebenfalls in die Signatur setzen. So erhält automatisch jeder E-Mail-Empfänger die wichtigsten Daten Ihrer Einrichtung.

Wie Sie eine Signatur einrichten, variiert je nach E-Mailprogramm. Meist finden Sie dazu eine Möglichkeit in den Einstellungen oder Optionen. Sie können Ihren Text vorher im Textprogramm formulieren und dort auch das Logo einfügen. Anschließend kopieren Sie die gesamte Signatur in das Textfeld des Programms.

Feedback

Wenn Sie wissen möchten, wie Ihre Elternbriefe und -Infos ankommen, fragen Sie nach. Formulieren Sie eine Umfrage, um zu erfahren, ob Sie ausreichend informieren und die Inhalte wirklich auf die Bedürfnisse der Eltern abgestimmt sind. Als Beispiel können Sie die **Umfrage** auf S. 74 verwenden.

Einladung zum Tag der offenen Tür

Liebe Eltern, Freunde und Interessierte!

Anlässlich unseres diesjährigen 25-jährigen Bestehens laden wir Sie ein zu unserem

Tag der offenen Tür am 28. Juni 2015

Unser Programm:

✔ 9 Uhr	Offizielle Eröffnung mit Grußwort von Herrn Pfarrer Kunz
✔ 9.15–9.30 Uhr	Film: 25 Jahre Kinderhaus St. Florian
✔ 9.30–12.00 Uhr	Chor und Orchester „Von gestern und heute"
	✔ Ehemalige Hortkinder spielen und singen Lieder aus den letzten 25 Jahren.
	✔ Spiel und Spaß: Im Haus und im Garten gibt es viel zu entdecken, zu spielen und auch zu gewinnen.
	✔ 12 Uhr Eröffnung des Buffets (Getränke stehen den ganzen Tag bereit)
✔ 13.00–14.30 Uhr	Varieté: Die Kinder und das pädagogische Team von St. Florian zeigen Sketche, Zaubereien, Tänze und allerhand Kunststücke.
✔ 14.30–16.00 Uhr	Gemütliches Beisammensein bei Kaffee und Kuchen

✔ Spiel und Spaß: In Haus und Garten gibt es viel zu entdecken, zu spielen und auch zu gewinnen.

Wir freuen uns darauf, mit Ihnen und Ihren Kindern zu feiern!

Ihr Team vom Kinderhaus St. Florian

Am Oberweg 18
80944 Bergl

Einladung zum Info-Abend

Gemeindekindergarten Rosendorf
Mühlenbach 13
789543 Rosendorf

Tel: 07654/234567

Liebe Eltern,

wir laden Sie herzlich zu unserem Info-Abend am 27. Mai 2015 um 19.30 Uhr ein.

Unser Thema lautet:

Läuseplage rund ums Jahr!? – Maßnahmen, Verhalten und Vorbeugung

Nachdem in den letzten Jahren die Läuse fast schon Dauergäste in unserer Kita sind, möchten der Elternbeirat und wir gemeinsam mit Ihnen eine Strategie erarbeiten, um der Plage entgegenzuwirken.

Frau Dr. Höhenscheid, Allgemeinmedizinerin und Homöopathin, hat sich freundlicherweise bereit erklärt, medizinische Hintergrunde und neue Erkenntnisse über Behandlungsmethoden zu erläutern.

Bitte geben Sie den ausgefüllten Rücklauf bis Montag, den 18. Mai 2015, in der Kita ab, damit wir den Abend planen können.

Mit freundlichen Grüßen

Marianne Weber

Leitung Gemeindekindergarten Rosendorf

✂ -

○ Ich/wir komme/n zum Elternabend am 27.05.2015 (____ Personen)

○ Ich kann leider nicht zum Elternabend kommen.

______________________ ______________________________________

Datum Unterschrift

Umfrage – Elternbrief

Liebe Eltern,

wir möchten Sie gerne **regelmäßig und aktuell über Neuigkeiten in der Kita informieren**. Damit wir diese Informationen **auf Ihre Bedürfnisse abstimmen** können, bitten wir Sie, uns einige Fragen zu beantworten. Wir benötigen dafür keine persönlichen Daten.

Bitte werfen Sie den ausgefüllten Brief zusammengefaltet in unseren Info-Briefkasten im Eingangsbereich.

Herzlichen Dank!

Welche Informationen interessieren Sie?

- ○ aktuelle Termine
- ○ Auskünfte über Anschaffungen
- ○ Vorabmitteilungen über Ausflüge
- ○ Auskünfte über Änderungen und Neuerungen im Tagesablauf, bei Regeln und Routinen
- ○ Inhalte aus dem pädagogischen Alltag (z. B. Infos über Projekte und Angebote)
- ○ Mitteilungen über Fortbildungen und Qualifikationen des Personals
- ○ anderes: ______________________________

Wünschen Sie sich einen regelmäßigen Elternbrief mit oben ausgewählten Informationen?

- ○ Ja
- ○ Nein

Möchten Sie den Brief als Kopie über Ihr Kind bekommen?

- ○ Ja
- ○ Nein

Oder lieber per E-Mail?

- ○ Ja
- ○ Nein

Wie oft möchten Sie eine Elterninfo erhalten?

- ○ wöchentlich
- ○ 14-tägig
- ○ monatlich
- ○ Nur dann, wenn es Neuigkeiten gibt

Sollen wir ein Schwarzes Brett einrichten, wo Sie Dinge suchen, kaufen, verkaufen oder verschenken können?

- ○ Ja
- ○ Nein
- ○ Wo soll sich das Schwarze Brett befinden:
- ○ Pinnwand in der Kita
- ○ Website
- ○ Im Infobrief

Haben Sie weitere Anregungen und Wünsche?

____

____

____

Vielen Dank für Ihre Unterstützung!

Wir werten die Umfrage aus und stimmen unsere zukünftigen Eltern- und Infobriefe darauf ab.

Praxisbeispiel: Elternbrief

Liebe Familie Kinderreich,

wie Sie bereits am Elternabend erfahren haben, möchten wir in den nächsten Wochen mit allen Eltern persönlich über die Entwicklung ihrer Kinder sprechen. Wir bitten Sie deshalb, sich einen der offenen Termine auszusuchen und uns diesen möglichst bald mittzuteilen. Es ist natürlich besonders schön und wichtig für Sie und Ihr Kind, wenn alle Erziehungsberechtigten am Gespräch teilnehmen können.

Für das Gespräch ist es notwendig, dass Sie sich vorab über einige Fragen Gedanken machen:

- ○ Woran hat Julia besonders viel Freude?
- ○ Was kann Julia gut?
- ○ Was interessiert Julia?
- ○ Womit oder wie kann man Julia begeistern/interessieren?
- ○ Mit welchen Kindern spiel Julia gerne?
- ○ Beschäftigt sich Julia zu Hause manchmal allein? Was tut sie dann?
- ○ Kann Julia auch mal nichts tun?
- ○ Was fällt Ihnen noch zu Julia ein?

Wir freuen uns auf Sie und unser Gespräch!

Herzliche Grüße

Sarah Schneeweiß und Monika Graufuß

Bitte geben Sie den ausgefüllten Abschnitt bis 22. Februar 2015 in der Kita ab!

✂ -

Name des Kindes ______________________________

Wir können an folgendem Termin zum Entwicklungsgespräch kommen:

○ Montag, 11. März 2015	○ 9 Uhr	○ 10 Uhr
○ Dienstag, 12. März 2015	○ 9 Uhr	○ 10 Uhr
○ Mittwoch, 13. März 2015	○ 9 Uhr	○ 10 Uhr
○ Donnerstag, 14. März 2015	○ 9 Uhr	○ 10 Uhr
○ Freitag, 15. März 2015	○ 9 Uhr	○ 10 Uhr

Wir können an keinem der Termine, aber am ________________ um ____________________

Datum ________________ Unterschrift ______________________________

Kinderkrippe Grünlinge

Protokoll 2. Elternbeiratssitzung, 16. Oktober 2015

Schriftführer: Melanie Kott-Gaising

Anwesende Eltern: Vivien Anders, Paul von Gruben, Mathias Illers, Anne Ritter,

Anwesendes Personal: Claudia Kappel, Sebastian Fuchs

Themen:

1. Rückblick: Ziele der letzten Sitzung
2. Laternenfest
3. Anschaffungen: neue Wickelkommoden
4. Sonstiges/Fragen
5. Termin nächste Sitzung

1. Rückblick: Ziele der letzten Sitzung

- ✔ Mehr Ruhe beim Bringen der Kinder
- ✔ Bei den Elternabenden wurden alle Eltern informiert. Die Situation hat sich deutlich verbessert.
- ✔ Parksituation
- ✔ Bei den Elternabenden angesprochen und durch ein Rundschreiben an alle Eltern: Langsamer fahren, umsichtiger, niemanden einparken, möglichst zu Fuß oder per Rad kommen: Vorbild, gemeinsam dem Weg zur Kita bewusst wahrnehmen und genießen

2. Laternenfest

Dieses Jahr gemeinsames Fest geplant: Am 11. November von 17 Uhr bis 18.30 Uhr.

Einige Eltern backen Martinsmänner (Listen werden ausgehängt, Paul v. Gruben erstellt sie und gibt sie an die Kita weiter)

Treffen um 17 Uhr am Stadtpark bei der Drachenwiese. Elternbeirat stellt Lichter auf (Kita-Sandeimer mit Teelichtern) als Wegweiser (verantwortlich Anne Ritter)

Wir stellen uns auf, singen zusammen ein Lied und teilen die Martinsmänner. Abschluss noch ein Lied. Kita sucht Lieder raus und übt sie (Claudia Kappel verantwortlich, gibt Kopien an Eltern weiter).

3. Anschaffungen

Das Team möchte dringend neue Wickeltische anschaffen – höher, breiter mit Flächen und möglichst mit Treppe. Bitte um Nachfrage nach günstigen Konditionen über Eltern, da die Anschaffung in diesem Jahr das Budget übersteigt. Vivien Anders recherchiert nach möglichen Modellen und fragt die Eltern. Rückmeldung an das Team bis spätestens 10. November 2015.

4. Sonstiges

Anfragen einiger Eltern, weil Verdacht, dass ansteckende Krankheiten bewusst nicht oder spät gemeldet werden. Team ist das nicht aufgefallen. Marlene Fuchs spricht es im nächsten Team an, soll beobachtet und evtl. ein Elternbrief geschrieben werden.

5. Termin nächste Sitzung:

14. November 2015, 19.30 Uhr

Unterschrift:

M. Kott-Gaising

Liebe Eltern,

wie bei unserem letzten Elternabend besprochen, möchten wir ab dem 2. Mai mit dem **Frühstücksbuffet** für unsere Kinder beginnen.
Wir werden frische Lebensmittel einkaufen, soweit möglich in Bio-Qualität, und diese mit den Kindern als Buffet anrichten. Die Kinder dürfen dann, innerhalb einer festgelegten Frühstückszeit von **9.30 Uhr bis 10.30 Uhr** selbstständig aussuchen, was sie essen möchten und das im Frühstücksraum tun. Damit niemand alleine essen muss, sollen die Kinder immer mindestens zu zweit zum Frühstücken gehen. Der Frühstücksraum liegt neben unserem Gruppenraum und wir werden die Tür offen lassen, um die Kinder im Auge zu behalten. Es wird immer eine Person als Ansprechpartner in der Nähe der Kinder sein.

Wir freuen uns darauf, das Frühstückbuffet zu starten und sind gespannt, wie es bei den Kindern ankommt. Wir erhoffen uns, dass sie dabei noch selbstständiger werden und Freude am Essen und Zubereiten von Speisen bekommen. Interessant ist es auch, zu erleben, wie sich die Kinder in Kleingruppen neu ordnen und einander besser kennenlernen.

Eine Bitte noch an Sie: Geben Sie Ihrem Kind in den ersten Tagen auf jeden Fall weiterhin ein kleines Frühstücksbrot mit. Manche Kinder benötigen diese Sicherheit von zu Hause und trauen sich möglicherweise erst später, vom Buffet zu probieren.

Wenn Sie noch Fragen haben oder gerne mal an den Vorbereitungen und am Frühstücksbuffet teilnehmen möchten, melden Sie sich bitte bei uns.

Viele Grüße

das Team der Kasperlgruppe

Praxisbeispiel: Feedback-Abfrage

Liebe Eltern,

wir wollen uns stets verbessern, deshalb bitten wir Sie, uns folgende Fragen zu unseren **Elternbriefen** bzw. **Informationen** rund um die Kita zu beantworten.

Die Umfrage findet anonym statt, das heißt, wir benötigen keine persönlichen Daten von Ihnen. Bitte werfen Sie den ausgefüllten und zusammen gefalteten Brief in den Kasten im Eingangsbereich.

Herzlichen Dank!

Fühlen Sie sich von uns ausreichend informiert?

- ○ Ja
- ○ Nein
- ○ Ja, aber ______________________________

Welche Informationen fehlen Ihnen?

____

Möchten Sie öfter informiert werden?

- ○ Ja
- ○ Nein

Möchten Sie seltener informiert werden?

- ○ Ja
- ○ Nein

Laden wir Sie früh genug zu unseren Veranstaltungen ein?

- ○ Ja
- ○ Nein

Haben Sie Anregungen, Wünsche, Kritik?

____

____

____

____

17 mm

51 mm

Kita Musterland *Logo*

Straße und Hausnummer/Postfach

Postleitzahl Ort

evtl. Telefon/Mail/Fax

Leerzeile

Sponsorengruppe Geldreich

Straße und Hausnummer/Postfach

Postleitzahl Ort

Leerzeile

Leerzeile

Kundennummer 202010 *(Das ist ein Betreff. Der Begriff **Betreff** wird nicht mehr geschrieben.)*

11.01.2015

Leerzeile

Sehr geehrter Herr Geldreich,

Leerzeile

wir warten schon lange auf das viele Geld, das Ihre Firma uns schenken will. Bitte schicken Sie es bald.

Leerzeile

Mit freundlichen Grüßen

Leerzeile

Sonja Sorglos

Kita-Musterland

6. Wichtige Infos gut verpackt – Berichte und Informationen

Manche Informationen bedürfen einer **eigenen Sprache und Form.** So formulieren Sie die Zusammenfassung einer Teamsitzung in Form eines knappen und übersichtlichen Protokolls. Ein Elterngespräch können Sie ebenfalls protokollieren oder aber per Mitschrift fast wortgetreu dokumentieren. Wollen Sie jedoch einen Bericht über eine Veranstaltung ausführlicher verfassen und sogar an die Presse weitergeben, müssen Sie ein paar Grundregeln beachten, damit die Zeitungsredaktion Ihren Text auch verwenden kann.

Wir dokumentieren – Protokolle

Protokolle sollten für jede Teamsitzung angefertigt werden. Andere Veranstaltungen, wie Elternabende, wichtige Gespräche oder auch Fortbildungen erfordern häufig, ebenfalls zu protokollieren. Ein Protokoll hat mehrere Funktionen:

- ✔ **Gedächtnisstütze:** Was haben wir besprochen? Welche Ziele haben wir vereinbart?
- ✔ **Nachweis über Vereinbarungen:** Wie sind wir verblieben? Wer hat welche Aufgaben bis wann zu erledigen?
- ✔ **Information/Zusammenfassung** für Personen, die nicht anwesend waren.

Team-Protokoll

Um während einer Teamsitzung Protokoll zu führen, muss man fähig sein, **aktiv zuzuhören,** mitzureden und zusätzlich die **Informationen zusammengefasst zu notieren.** Das ist gar nicht so einfach und muss geübt werden. Vereinbaren Sie im Team, dass alle Mitglieder reihum üben, Protokolle zu schreiben. Das bedeutet, dass die anderen im Team Rücksicht darauf nehmen müssen, wenn jemand nicht so schnell schreiben und zugleich aktiv am Gespräch teilnehmen kann.

Zu Beginn Ihres Protokolls notieren Sie das **Datum** der Veranstaltung und halten die **Anwesenheit** der Mitglieder fest: Wer ist da, wer ist entschuldigt? Auch den **Schriftführer** bzw. den **Protokollanten** sollten Sie nennen und wer das Protokoll zu lesen bekommt (Verteiler).

Anschließend schreiben Sie in Stichpunkten alles mit, was besprochen wird.

Einfacher ist es natürlich, wenn die Teamsitzung ohnehin nach **Tagesordnungspunkt** abgehandelt wird. Die Sitzungsleitung sollte dem Schriftführer signalisieren, welcher Punkt bzw. welches Thema gerade besprochen wird. Es könnte zum Beispiel um die Fenstergestaltung im Flur gehen.

Nun notieren Sie in kurzen Worten, was das Team diskutiert.

Wichtig ist, dass Sie abschließend zu jedem Punkt eine kurze Zusammenfassung darüber schreiben, was entschieden wurde.

Beispiel

Wir einigen uns darauf die Fenster zum Thema Blumenwiese zu gestalten. Die Zwerggruppe übernimmt die beiden Fenster die Kasperguppe die Glastür. Die Gestaltungsart wählen die Gruppen frei. Die Fenster müssen bis spätesten zum 15. Mai fertig sein. (Frühlingsfest).

Notieren Sie unbedingt auch **offene Fragen.**

Halten Sie im Protokoll auch den nächsten Termin fest, sofern es sich nicht um einen regelmäßigen handelt. Dazu sollten Sie notieren, wer sich bis dahin um welche Informationen kümmert oder etwas vorbereitet.

Beispiel

Wer macht was?

Wer klärt was?

Wann können wir den Raum benutzen?

Welche Kosten kommen auf uns zu?

Welche Vorbereitungen müssen wir treffen?

Beispiel

Bis zur nächsten Teamsitzung: Themen für Sommerfest überlegen.

Praktisch ist es, alle Informationen in eine **Tabelle** einzutragen. Legen Sie sich dafür eine Protokollvorlage als Datei im Textverarbeitungsprogramm an, die Sie jederzeit abrufen können. Drucken Sie einige Seiten aus, um immer Vorlagen bereitzuhalten. So kann die Protokollantin direkt in eine Vorlage eintragen, was besprochen wird: Später kann sie die Inhalte dann in die Vorlage auf dem Computer übertragen, an alle Teammitglieder mailen und mit dem jeweiligen Datum abspeichern. So finden Sie das jeweilige Protokoll auch später noch problemlos wieder. Die Protokollantin muss abschließend das Protokoll unbedingt unterschreiben. Eine **Beispielvorlage** finden Sie auf S. 85. Das Protokoll sollte stets **für alle einsehbar** sein. Sie können es an eine Pinnwand im Büro oder im Teamraum heften.

Ganz wichtig:

Die **Checkliste** auf S. 83 und die **Vorlage** auf S. 84 helfen Ihnen, wichtige Absprachen einfach und schnell zu notieren.

Tipp

Führen Sie eine Routine ein:

Immer wenn das nächste Protokoll aufgehängt wird, heften Sie das alte im Ordner ab.

Eine gute Fingerübung –

Skripte und Mitschriften

Wichtige **Gespräche zwischen Teammitgliedern, Team und Vorstand** oder Team und Eltern sollten protokolliert oder als **Mitschrift** dokumentiert werden. Anders als beim Protokoll, notieren Sie hier den **tatsächlichen Wortlaut** soweit möglich.

Das ist gar nicht so einfach: Sie müssen schnell schreiben und zugleich erfassen können, was gesprochen wird. Weil Sie nicht gleichzeitig aktiv am Gespräch teilnehmen können, sollte immer jemand aus Ihrem Team zusätzlich anwesend sein, der ausschließlich mitschreibt. Stellen Sie denjenigen zu Beginn des Gesprächs dem Gesprächspartner vor und informieren Sie ihn darüber, dass das Gespräch mitgeschrieben wird. Selbstverständlich dürfen und sollen alle Beteiligten später Einblick in die Mitschrift erhalten.

So verfassen Sie eine Mitschrift

- ✔ Zuhören! Sie müssen genau hinhören, um den tatsächlichen Wortlaut notieren zu können. Dabei entscheiden Sie gleichzeitig, welche Worte Sie aufschreiben. Das bedeutet, Sie filtern die Sätze heraus, die den Inhalt des Gesprächs am Treffendsten wiedergeben.
- ✔ Sie dürfen dabei keinesfalls werten oder beurteilen! Das ist schwer. Mit etwas Übung wird es Ihnen sicher gut gelingen.
- ✔ Schreiben Sie möglichst wortgetreu mit.
- ✔ Notieren Sie vor allem Namen, Zahlen, Daten und wichtige Begriffe so deutlich, dass später keine Zweifel über diese Fakten aufkommen.
- ✔ Lesen Sie die Notizen unmittelbar nach dem Gespräch noch einmal und ergänzen Sie, was Ihnen noch einfällt. Jetzt ist Ihnen das Gespräch noch präsent.
- ✔ Schreiben Sie alles „ins Reine" von Hand oder am PC.
- ✔ Markieren Sie wichtige Begriffe oder Passagen fett.
- ✔ Achten Sie darauf, dass immer deutlich erkennbar ist, wer spricht.
- ✔ Geben Sie allen Gesprächspartnern eine Kopie der Mitschrift.

Auf S. 85 finden Sie ein **Beispiel für eine Mitschrift.**

Tipp

Üben Sie, Mitschriften zu verfassen auch im Alltag, beispielsweise bei Gesprächen zwischen einer Kollegin und einem Kind. Die Fähigkeit, Mitschriften zu verfassen brauchen Sie auch für Protokolle und die Beobachtungen der Kinder.

Wir erzählen –

Berichte für Wandtafel, Website und Zeitung

Texte für die Wandtafel, die Kita-Website oder eine Zeitung sind **Zusammenfassungen** im Stil eines **Berichts.** Kurz und prägnant berichtet der Autor von einem Ereignis. Dabei versucht er, das Interesse des Lesers zu wecken und zu halten. Ihr Bericht kann im Stil einer Nachricht, also **objektiv,** oder einer Reportage, also **subjektiv,** formuliert sein.

Aufbau einer Nachricht

- ✔ Im ersten Abschnitt halten Sie das Wichtigste fest.
- ✔ In den letzten Abschnitt gehört das Unwichtigste.
- ✔ Sie formulieren objektiv und ohne persönliche Stellungnahme.
- ✔ Sie schreiben in dritter Person, nicht aus Ihrer eigenen Perspektive. („Die Kita-Leitung, Frau Luise Arnold, eröffnete das Fest mit folgenden Worten: ...")

Aufbau einer Reportage

- ✔ Am Anfang ziehen Sie den Leser in Ihren Text hinein, indem Sie Wichtiges möglichst „hautnah", also mit allen Sinnen beschreiben.
- ✔ Sie formulieren zwar Fakten, aber nicht nüchtern, sondern lebendig.
- ✔ Sie schreiben subjektiv, Sie waren schließlich dabei! Und haben eine eigene Meinung. („Ich setzte mich inmitten der Kinder auf einen Teppich und klatschte begeistert im Takt der orientalischen Klänge.")

Wenn Sie die Möglichkeit haben, regelmäßige Beiträge für die Wandzeitung, das Kita-Blatt oder die Website zu verfassen, überlegen Sie, ob es eine Glosse oder eine Kolumne werden soll. Beide Textsorten bieten Ihnen die Möglichkeit, Ihre eigene Meinung zu einem Thema, gerne auch mit einem Augenzwinkern zu formulieren.

Eine **Glosse** ist ein einzelner kurzer Meinungsartikel zu einem aktuellen Thema. Sie ist häufig mit „spitzer Feder" verfasst und durch Wortspiele oder sprachliche Besonderheiten ergänzt.

Die **Kolumne** ist ein regelmäßiger **Meinungsartikel,** bei dem Sie auch gerne etwas ausholen dürfen, um Ihre Meinung zu vertreten.

Egal, welche Art Beitrag Sie für die Kita schreiben, sorgen Sie für optische Ordnung.

- ✔ Formulieren Sie einen kleinen Abschnitt oder einen Satz als Vorschau auf den Artikel. Beispiel: *Am Sonntag startet wieder das große Kita-Fußballturnier in Böbeldorf. Frauke Kostner hat sich vorab mal unter den Kita-Kickern umgehört.*
- ✔ Um einzelne Aussagen, wie z. B. ein Zitat oder einen Veranstaltungstipp besonders hervorzuheben, setzen Sie sie in einen Rahmen. (Dafür nutzen Sie beispielsweise die Funktion „Textfeld" Ihres Textverarbeitungsprogramms.)
- ✔ Teilen Sie den Text in sinnvolle Abschnitte ein.
- ✔ Setzen Sie Hingucker durch Zwischenüberschriften oder fett markierte Wörter.
- ✔ Verwenden Sie Abbildungen (Fotos und Bilder), um den Text aufzulockern. Bildunterschriften erklären, worum es in den Bildern geht. Auch ein Copyright, also die Nennung des Rechteinhabers des Fotos, dürfen Sie nicht vergessen. Achten Sie immer auf die Persönlichkeitsrechte der Menschen, die auf den Bildern zu sehen sind. Nur wenn diese Personen damit einverstanden sind, dürfen Sie die Fotos verwenden.

Eine **Wandzeitung** bietet zwar relativ viel **Platz,** ist aber auch schnell überfüllt. Achten Sie deshalb darauf, die Texte gut auszuwählen. Zu viele Informationen führen dazu, dass keiner mehr lesen mag, was da steht.

Beispiel

Wertvolle Schätze für Jung und Alt

Am 6. Juni fand unser jährlicher Flohmarkt im Innenhof statt. Die bunten Plakate, von Kindern gestaltet und aufgehängt, sorgten für regen Zulauf. So waren bald alle vorhandenen Tische besetzt und die Besucher scharten sich um die Verkaufsstände. Da das Wetter auch noch mitspielte und uns strahlenden Sonnenschein bescherte, hielten sich viele Gäste gerne nach ihrem Einkauf bei Kaffee und Kuchen in unserem Café unter der großen Linde auf.

Der Flohmarkt war also wieder ein voller Erfolg. Viele interessante, praktische und nützliche Dinge wurden verkauft und fanden glückliche neue Besitzer.

Den Erlös von insgesamt 574,22 Euro verwenden wir für den Kauf eines neuen Klettergerüsts.

Vielen Dank an alle Helfer und Besucher!

Fotos dürfen Sie nicht einfach so verwenden.

Berichte für Website und Zeitung

Start Über uns

Aktuelles

Wertvolle Schätze für Jung und Alt

Am **6. Juni** fand unser jährlicher **Flohmarkt** im Innenhof statt. Die bunten Plakate, von Kindern gestaltet und aufgehängt, sorgten für regen Zulauf. So waren bald alle vorhandenen Tische besetzt und die Besucher scharten sich um die Verkaufsstände. Da das Wetter auch noch mitspielte und uns strahlenden Sonnenschein bescherte, hielten sich viele Gäste gerne nach ihrem Einkauf bei Kaffee und Kuchen in unserem Café unter der großen Linde auf.

Der Flohmarkt war also wieder ein voller Erfolg. Viele interessante, praktische und nützliche Dinge wurden verkauft und fanden glückliche neue Besitzer.

Den Erlös von insgesamt **574,22 Euro** verwenden wir für den Kauf eines neuen Klettergerüsts.

Vielen Dank an alle Helfer und Besucher!

(Fotos folgen in Kürze)

Öffnungszeiten
Montag bis Freitag
7 Uhr bis 18 Uhr

- Kontakt
- Termine
- Stellenangebote
- Gästebuch
- Impressum
- Sitemap

Flohmarkt-Bericht auf einer Website

Pressemitteilung

Wenn Sie die örtliche **Presse** über ein Vorhaben informieren oder von einer Veranstaltung berichten wollen, können Sie eine Pressemitteilung verfassen. Damit die Redakteure damit etwas anfangen können, müssen Sie sich an gewisse Regeln halten.

Buchtipp

Ulrike Lindner:
Eltern informieren, überzeugen und begeistern.
Verlag an der Ruhr, 2011.

Ganz wichtig: Fügen Sie ein **Anschreiben** hinzu, in dem Sie kurz mitteilen, warum Sie die Pressemitteilung schicken und wer Sie überhaupt sind. Sprechen Sie damit den **Redakteur** direkt an und bitten Sie um die Veröffentlichung Ihrer Mitteilung. Den Namen des zuständigen Redakteurs finden Sie im Impressum der Zeitung. Bieten Sie ebenfalls an, Bildmaterial per E-Mail zu liefern oder fügen Sie einen Link hinzu, unter dem der Redakteur Bilder abrufen kann, beispielsweise von Ihrer Kita-Webseite oder einer Cloud (wie Dropbox oder Google Drive).

Tipp

Orientieren Sie sich an den üblichen Veröffentlichungen der jeweiligen Zeitung. So treffen Sie den richtigen Ton und überzeugen die Redaktion.

Die Pressemitteilung können Sie folgendermaßen gliedern:

Beispiel

Datum

Absender und Ansprechpartner

Überschrift/Titel

Text

Wenn Sie den Text formulieren, halten Sie sich wieder an die W-Fragen:

- ✔ **Wer?**
- ✔ **Was?**
- ✔ **Wann?**
- ✔ **Wo?**
- ✔ **Wie?**
- ✔ **Warum?**

Achten Sie darauf, **das Wichtigste an den Anfang** zu stellen. Der erste Satz muss den Leser interessieren und in den Text hineinziehen. Das gelingt Ihnen am besten, wenn Sie bildlich schreiben, lebendig und trotzdem klar verständlich. Formulieren Sie sachlich und deutlich, verwenden Sie keinen Fachjargon oder Umgangssprache. Versuchen Sie aber auch nicht, eine Klatschpressemitteilung zu imitieren.

Beispiel

12.08.2015
Kindergarten Rosenknospe
Frau Anna Blum
Blütenweg 3
99909 Dorningen

Tel: 07771-5656568

Zimt und Schokolade für Groß und Klein

Orientalische Klänge, bunte Farben und die unterschiedlichsten Gerüche verzauberten die Besucher des Sommerfestes im Kindergarten Rosenknospe in Dorningen …

Mit solch einer Beschreibung fühlt sich der Leser als Gast auf dem Fest. Er hört, sieht und riecht. Dadurch fühlt er sich weit stärker angesprochen als durch eine nüchterne Information.

Auch die **Rückblende,** also ein **Kurzbericht** über eine Veranstaltung, hier zum Beispiel ein Flohmarkt, wirkt anschaulich, wenn Sie beschreiben, was dort passierte. Lassen Sie Menschen sich bewegen, Geräusche und Gerüche entstehen. Passen Sie aber auf, nicht zu schwelgen. Die Information sollte trotz aller Bildhaftigkeit kurz und knapp, eben informativ sein!

Beispiel

Wertvolle Schätze für Jung und Alt

Am 6. Juni veranstaltete die Kita an der Heuwiese ihren jährlichen Flohmarkt. Im großen Innenhof tummelten sich zahlreiche Verkäufer und Besucher und sorgten für regen Umsatz. Ein Freiluftcafé lud mit köstlichem selbstgebackenem Kuchen zum Verweilen ein. Der Erlös des Flohmarkts von 574,22 Euro dient dem Kauf eines neuen Klettergerüsts.

Mitschrift beim Elterngespräch – Checkliste

- ◯ Datum, Uhrzeit
- ◯ Anlass/Titel (z. B. Entwicklungsgespräch Elias Klemm)
- ◯ Anwesende und ihre Funktionen (z. B. Marion Klemm, Mutter von Elias Klemm)
- ◯ Fakten vorneweg: Eine kurze Zusammenfassung des Anlasses, der vorhergehenden Abmachungen oder/der Ziele des Gesprächs
- ◯ Aufmerksam zuhören, möglichst wortgetreu mitschreiben, Wichtiges markieren
- ◯ Bei Reinschrift darauf achten, dass Inhalte nicht verändert werden, wenn sie wörtlich nicht mehr nachvollziehbar sind („sinngemäß erwähnte Frau Klemm, dass …“)
- ◯ Mitschrift später als Reinschrift allen Anwesenden zeigen

Protokoll – Checkliste

- ◯ Datum
- ◯ Datum nächstes Treffen
- ◯ Anwesend
- ◯ Entschuldigt
- ◯ Protokollant/Schriftführer
- ◯ Verteiler
- ◯ Thema/Tagesordnungspunkt
- ◯ Ergebnis/Aufgabe/Zuständigkeit/Termin
- ◯ Unterschrift

Kopiervorlage: Protokoll

Protokoll ______________________________

Datum ______________ Datum nächstes Treffen ______________

Anwesend ______________________________

Entschuldigt ______________________________

Protokollant ______________________________

Verteiler ______________________________

Thema/Tagesordnungspunkt	Ergebnis/Aufgabe	zuständig	Termin

25.03.2015, 14.30 Uhr

Mitschrift: Gespräch Frau Karin Bauer (Mutter von Johannes Bauer, 5,6 J., Hummelgruppe) und Frau Melanie Kühn (Erzieherin Hummelgruppe)

Schriftführerin: Silke Blum

Gesprächsanlass: Frau Bauer bat um das Gespräch, da sie den Eindruck hat, Johannes wird in der Gruppe gemobbt.

Fr. Kühn (im Folgenden mit K abgekürzt) begrüßt Frau Bauer (im Folgenden mit B abgekürzt) und bittet sie, ihr Anliegen zu erzählen.

B: Johannes weint seit einigen Wochen viel. Er schläft schlecht, nässt nachts wieder ein. Manchmal ist er plötzlich sehr aggressiv, schlägt um sich, wirft Dinge herum.

K: Wie ist außerhalb der Kita der Kontakt zu anderen Kindern? Besucht er Freunde oder sie ihn?

B: Nein, da gibt es eigentlich niemanden.

K: Wie ist Johannes´ Kontakt zu Ihnen und Ihrem Mann? Erzählt er aus dem Kindergarten, von sich und seinen Gefühlen, kuschelt er …?

B: …

Es wurden folgende gemeinsame Ziele abgesteckt:

Johannes wird sowohl zu Hause als auch in der Kita in den nächsten Wochen besonders genau beobachtet, um herauszufinden, was ihn belastet.

…

Abschließend vereinbarten Frau Kühn und Frau Bauer einen neuen Gesprächstermin für den 02. Mai 2015.

Unterschrift Schriftführerin ______________________________

Unterschrift Frau Kühn ______________________________

Unterschrift Frau Bauer ______________________________

7. Das sollte jeder wissen – Aktuelles

Aktuelles – das besagt, dass die Informationen, die Sie aushängen, auch wirklich auf dem neuesten Stand sind. Darauf verlassen sich die Leser, nicht nur, wenn Sie eine Rubrik „Aktuelles" auf Ihrem Schwarzen Brett anbringen. Alle Informationen, die Sie aushängen, sollten aktuell sein und deshalb regelmäßig erneuert werden. Nur so erreichen Sie, dass die Eltern hinsehen und lesen. Regelmäßig auszusortieren verschafft Ihnen einen guten Überblick über die Aushänge und der Platz an der Pinnwand bleibt überschaubar.

Auf den ersten Blick – Aushänge und Kurzinfos

Aushänge sind im Prinzip alle **Zettel, Plakate, Infos** usw., die Sie aushängen. Doch im engeren Sinne verstehen wir darunter **kurze Mitteilungen,** meist optisch aufbereitet wie ein kleines Plakat. Dabei sind die Informationen klar formuliert und so dargestellt, dass die Leser sie schnell erfassen können.

Aushänge werden für einzelne Angebote, z. B. der Praktikanten, für Projekte, Ankündigungen und wichtige Termine verwendet. Ähnlich wie Plakate können Sie bei Aushängen auch sehr plakativ mit Bildern arbeiten. Dabei verwenden Sie wenig Text aber umso aussagekräftigere Bilder, beispielsweise wenn Sie auf die immerwährende Läuseplage hinweisen wollen.

Ein Aushang übermittelt reine Informationen und setzt voraus, dass Sie **keine Rückmeldung** benötigen. Sie erreichen damit alle Eltern, die die Kita besuchen. Der Text des Aushangs ist vom Inhalt abhängig nüchtern und klar formuliert.

Sinnvoll ist es, für alle Gruppen der Kita eine einheitliche **Formatvorlage** zu erstellen. Legen Sie im Computer eine Datei an, einmal im Querformat und einmal im Hochformat. Setzen Sie jeweils das Logo der Kita darauf und speichern Sie die von der Kita bevorzugte Schrift. So ersparen Sie sich Zeit, die Sie lieber für die Gestaltung des Aushangs verwenden, um ihn damit unverwechselbar und interessant zu machen.

Einigen Sie sich in der Kita darauf, welche **Farbe** für welche Art von Aushängen verwendet werden soll. So können die Eltern gleich einordnen, um welche Information es sich handelt. Rote Aushänge könnten wichtige, aktuelle Infos signalisieren, wie Warnhinweise (Läusealarm etc.). Gelbe Aushänge informieren über Aktionen und Angebote.

Das **Beispiel eines Aushangs** für ein Projekt einer Praktikantin finden Sie auf S. 91.

Alle Aushänge müssen Sie so platzieren, dass sie gut gesehen werden und von den Eltern in Ruhe gelesen werden können. Sie sollten also nicht in der engen Garderobe oder gar im Gruppenraum oder im meist verschlossenen Büro angebracht sein. Auch außerhalb der Kita ist es ungünstig.

Tipp

Sie können dafür die Vorlage von S. 90 kopieren und laminieren, um sie öfter zu verwenden.

Zum einen lässt die Witterung es nicht immer zu, in Ruhe zu lesen und es ist unwirtlich, außerhalb des Hauses zu stehen. Zum anderen handelt es sich um interne Mitteilungen, die nicht jeder Passant mitlesen sollte.

Hängen Sie also eine große Pinnwand so im Haus auf, dass davor **ausreichend Platz** ist und genügend **Licht zum Lesen.** Zusätzlich können Sie kleine Pinnwände für jede Gruppe aufhängen. Hier sind dann nur die gruppenspezifischen Aushänge zu sehen.

Tipps

Wenn Sie keine große Pinnwand haben, besorgen Sie sich eine große Platte, z. B. eine Rückwand eines Schrankes, und kleben Sie Styropor auf (große Styroporplatten verschenken z. B. Elektromärkte). Streichen Sie das Styropor mit Tempera- oder Acrylfarbe an und umrahmen Sie die Pinnwand mit einem starken Klebeband. Alternativ können Sie Ihre Pinnwand auch mit schönem Stoff beziehen. Darauf haften einfache Stecknadeln mit bunten Köpfen oder spezielle lange Pinnwandnadeln.

Kleine Pinnwände können Sie aus alten Backblechen (Sperrmüll) herstellen. Nach dem Reinigen lackieren Sie die Backbleche mit Tafellack, nach dem Trocknen ein weiteres Mal. Zum Aufhängen befestigen Sie eine kleine Holzleiste an der Wand und hängen das Backblech darauf. Damit es nicht herunterfällt, kleben Sie auf die Leiste einen Streifen starkes doppelseitiges Klebeband, Heißkleber oder Sie schrauben die Tafel direkt fest. Nun können Sie auf der Tafel mit Kreide schreiben und zugleich Magnetpins anbringen.

Die **große Pinnwand,** das bekannte **Schwarze Brett** können Sie in **mehrere Rubriken** unterteilen. Hängen Sie dafür bunte Zettel auf oder schreiben Sie direkt auf die Wandtafel, wenn sie sich dafür eignet. Rubriken können sein: Aktuelles, Elternbeirat, Angebote, Projekte, Aktionen, Essen oder Speiseplan.

Verwenden Sie für Magnettafeln lieber **kleine Magnete** statt der bunten lustigen großen Pins. Sie lenken nur vom Wesentlichen, nämlich Ihren Aushängen, ab.

Ein anderer **Ort für Aushänge** ist die **Litfaßsäule** oder ein **Aufsteller,** der ständig an derselben Stelle steht. Seltener sollten Aushänge an der Eingangstür angebracht werden. Hier können Sie das „Läusealarm" Schild anbringen oder einen Hinweis wie: „Achtung: Am Freitag schließen wir schon um 14 Uhr!" Weitere Informationen sind hier fehl am Platz.

Um herauszufinden, wie Aushänge aussehen sollten, versuchen Sie, diese durch die **Augen eines Besuchers** zu sehen. Gehen Sie in der Kita herum und achten sie darauf, wann Sie die Aushänge entdecken, was Ihnen zuerst ins Auge fällt und ob Sie die Inhalte deutlich erfassen können. Verstehen Sie sofort, was die **Kernaussage** ist und regen die Aushänge dazu an, sie komplett zu lesen?

Besuchen Sie andere Einrichtungen und sehen Sie sich an, wie dort informiert wird.

Wie sehen die Aushänge aus?

Achten Sie auf **Farben, Formen, Komposition** (also die Aufteilung der Bilder und Texte im Aushang) und auf die **Schrift.** Lesen Sie, wie die Texte formuliert sind. Machen Sie sich Notizen, wenn Ihnen Texte gefallen. Versuchen Sie herauszufinden, warum Sie bestimmte Aushänge besonders mögen und warum manche gar nicht neugierig machen. Ideal ist es, wenn mehrere Teammitglieder ihre Eindrücke miteinander besprechen.

Entscheiden Sie gemeinsam, wie Sie in Ihrer Einrichtung Aushänge gestalten möchten. Dafür können Sie Formatvorlagen im Textverarbeitungsprogramm anlegen oder Sie verwenden Power Point, wenn Sie damit lieber arbeiten. Wichtig ist, dass es ein einigermaßen einheitliches Bild der Aushänge in Ihrer Kita gibt. Das hilft den Eltern, schnell zu erfassen, welche Informationen für sie wichtig sind und so den Überblick über die vielen Informationen zu bewahren.

Praktisch sieht das dann so aus:

Der **Hinweis** auf die spielzeugfreie Zeit kann kurz gehalten sein. Genaue Infos dazu dürfen Sie den Eltern aber nicht vorenthalten. Sie haben die Möglichkeit einen Aushang plakativ zu gestalten, um die Zeit anzukündigen.

Dazu formulieren Sie einen kurzen Elternbrief oder aber einen Aushang mit den wichtigsten Informationen.

Wenn Sie beispielsweise ein gesundes Frühstück einführen wollen, kündigen Sie dies bei einem Elternabend oder in einem Elternbrief an. (Ein Beispiel für einen Brief finden Sie auf S. 73.)

Dabei müssen Sie genau erklären, was Ihre Beweggründe für diese Neuerung sind. Als Kurzinfo bereiten Sie einen kleinen Aushang vor, der an das gesunde Frühstück erinnert.

Am 2. Mai beginnen wir mit dem

Frühstücksbuffet

jeweils 9.30 Uhr - 10.30 Uhr

Bitte geben Sie Ihrem Kind in der ersten Woche eine kleine Brotzeit mit!

Haben wir alles? –

Listen

Kitas sind auf die Mithilfe von Eltern angewiesen, wenn sie außerhalb des Regelalltags Aktivitäten anbieten wollen. Um Eltern zur Mithilfe zu gewinnen, sprechen Sie sie persönlich an oder erklären Ihr Anliegen in einem Brief. Anschließend müssen Sie versuchen, die Freiwilligen namentlich festzuhalten und die Art ihrer Mithilfe zu notieren. Das geht am schnellsten mit Listen, die Sie im Eingangsbereich oder neben der Gruppentür aufhängen. Viel Textarbeit gibt es dabei nicht zu leisten. Die Listen müssen übersichtlich sein und Platz genug bieten, sich einzutragen. Sie finden zwei Beispiele auf den Seiten 92 und 93, die Ihnen als Anregung dienen sollen.

Läusealarm!

Bitte kontrollieren Sie täglich den Kopf Ihres Kindes!

Projekt mit Isabell

Farben

03. März 2015 – 17. März 2015
ab 10 Uhr im Atelier

Es machen mit:
Benni, Josefine, Maxi,
Manuel, Lydia, Jenni

Ausstellung am 20. März,
14.30 Uhr – 16.00 Uhr

Kopiervorlage: Liste für Fotos

Name des Kindes	Foto Nummer/Anzahl														
	/	/	/	/	/	/	/	/	/	/	/	/	/	/	/
	/	/	/	/	/	/	/	/	/	/	/	/	/	/	/
	/	/	/	/	/	/	/	/	/	/	/	/	/	/	/
	/	/	/	/	/	/	/	/	/	/	/	/	/	/	/
	/	/	/	/	/	/	/	/	/	/	/	/	/	/	/
	/	/	/	/	/	/	/	/	/	/	/	/	/	/	/
	/	/	/	/	/	/	/	/	/	/	/	/	/	/	/
	/	/	/	/	/	/	/	/	/	/	/	/	/	/	/
	/	/	/	/	/	/	/	/	/	/	/	/	/	/	/
	/	/	/	/	/	/	/	/	/	/	/	/	/	/	/
	/	/	/	/	/	/	/	/	/	/	/	/	/	/	/
	/	/	/	/	/	/	/	/	/	/	/	/	/	/	/
	/	/	/	/	/	/	/	/	/	/	/	/	/	/	/
	/	/	/	/	/	/	/	/	/	/	/	/	/	/	/
	/	/	/	/	/	/	/	/	/	/	/	/	/	/	/
	/	/	/	/	/	/	/	/	/	/	/	/	/	/	/
	/	/	/	/	/	/	/	/	/	/	/	/	/	/	/
	/	/	/	/	/	/	/	/	/	/	/	/	/	/	/
	/	/	/	/	/	/	/	/	/	/	/	/	/	/	/
	/	/	/	/	/	/	/	/	/	/	/	/	/	/	/
	/	/	/	/	/	/	/	/	/	/	/	/	/	/	/
	/	/	/	/	/	/	/	/	/	/	/	/	/	/	/
	/	/	/	/	/	/	/	/	/	/	/	/	/	/	/
	/	/	/	/	/	/	/	/	/	/	/	/	/	/	/
	/	/	/	/	/	/	/	/	/	/	/	/	/	/	/
	/	/	/	/	/	/	/	/	/	/	/	/	/	/	/

Mithilfe beim Sommerfest am ______	
Beitrag fürs Buffet Name	**Pikantes, Kuchen, Salate…** Was bringen Sie mit?
Aufbau 12.30 Uhr – 13.30 Uhr	**Abbau/Aufräumen 17.00 Uhr – 18.00 Uhr**
Aktionen/Spiele 14.30 Uhr – 15.30 Uhr (je zwei Personen) Sackhüpfen ______ Dosenwerfen ______ Luftballons ______	**Aktionen/Spiele 15.30 Uhr – 16.30 Uhr** (je zwei Personen) Sackhüpfen ______ Dosenwerfen ______ Luftballons ______

Literatur und Links

Clark, Roy Peter:
Die 50 Werkzeuge für gutes Schreiben.
Autorenhaus Verlag, 2009.
ISBN 978-3-86671-031-3

Gebauer, Christina/Wagner, Yvonne:
Die eigene Kita-Homepage gestalten.
Verlag an der Ruhr, 2014.
ISBN 978-3-8346-2413-0

Jacobs, Dorothee:
Kreative Dokumentation.
Cornelsen Scriptor, 2006.
ISBN 978-3-589-25418-7

Lindner, Ulrike:
Eltern informieren, überzeugen und begeistern.
Verlag an der Ruhr, 2011.
ISBN 978-3-8346-0827-7

Lindner, Ulrike:
Eltern- und Öffentlichkeitsarbeit für die Kita.
Verlag an der Ruhr, 2012.
ISBN 978-3-8346-0918-2

Stamer-Brandt, Petra:
Öffentlichkeitsarbeit in Kindergarten und KiTa: entwickeln – durchführen – auswerten
Verlag Herder, 2010.
ISBN 978-3-451-32332-4

Wagner, Yvonne:
Bildungs- und Lerngeschichten schreiben leicht gemacht
Verlag an der Ruhr, 2013.
ISBN 978-3-8346-2414-7

Wagner, Yvonne:
Kita-Konzeptionen schreiben leicht gemacht
Verlag an der Ruhr, 2014.
ISBN 978 3 8346 2532 8

Links

PDF-Creator

http://de.pdfforge.org/pdfcreator

Hinweis: Alle Anleitungen für den Einsatz von Textverarbeitungs- und Präsentationsprogrammen in diesem Buch beziehen sich auf die Programme aus dem Microsoft Office-Paket Version 2007.
Anmerkung zum Gebrauch der weiblichen Form: In diesem Buch habe ich durchgängig die weibliche Form gewählt, wenn es um das Kita-Team ging. Obwohl inzwischen immer mehr junge Männer den Beruf des Erziehers wählen, ist die überwältigende Mehrheit der Beschäftigten in Kindergärten, Kitas und Horteinrichtungen weiblich. Die weibliche Form schien mir aus diesem Grund sinnvoll.

Bildnachweise

Fotolia: Seite 8: © Jeanette Dietl; Seite 14: © Albachiaraa; Seite 23: © Nelos; Seite 26: © Jörg Hackemann; Seite 28: © Marina Lohrbach; Seite 41: © pict rider; Seite 56: © rasstock; Seite 62: © shock; Seite 64: © Gina Sanders; Seite 65: © PhotoSG; Seite 78: © contrastwerkstatt; Seite 80: © fotocof; Seite 82: © ferumov; Seite 89: © blupad

Microsoft: Seite 11

Yvonne Wagner: Seiten 9; 13; 14 (unter Verwendung eines Bildes von Fotolia); 29; 34 (alle Fotos); 35; 37; 40; 41 (unter Verwendung eines Bildes von Fotolia); 44; 46 (erstellt mit WordPress); 51; 52; 55; 57; 81 (erstellt mit WordPress); 87; 88; 89 (unter Verwendung eines Bildes von Fotolia); 90; 91; 95

Die Autorin

Yvonne Wagner

Nach ihrer Ausbildung zur Erzieherin arbeitete Yvonne Wagner in verschiedenen sozialpädagogischen Einrichtungen. Seit einigen Jahren schreibt sie Bücher für Erzieherinnen, leitet Fortbildungen und Seminare. Dabei ist es ihr wichtig, Theorie und Praxis zusammenzubringen und für die Leser verständlich zu formulieren. Und natürlich soll die Freude am Tun nie zu kurz kommen.

Gerne tauscht sich Yvonne Wagner mit Ihnen über Ihre Textarbeit in der Kita aus. Besuchen Sie sie auf ihrer Website:

www.y-wagner.de